먼저 읽은 독자들의 추천사

여러 분야의 지식들을 읽으며, 정말 지식 세계관이 확장되는 것 같아 뿌듯했습니다.

— 권유진

친구들에게 '이렇대~!' 하면서 알려줄 수 있는 지식들이 가득 있어서 좋았습니다. 한 편의 글이 짧아서 간편하게 읽기 좋은 것 같아요. :)

— 나날

이 책 한 권을 읽고 나니, 유명하다는 모든 영역의 비문학 '벽돌책'을 읽어낼 수 있을 것 같습니다. 공부 잘하는 애가 요약 정리해놓은 노트처럼 보물 같은 책이에요.

— Jane. A muge

문과(심리, 상식, 정치, 철학, 역사), 이과(과학, 수학)를 아우르는 통섭형 인재상에 걸맞는 책이라고 생각됩니다. 여러분은 편중됨 없이 매일 짧은 글을 통하여 넘치는 지식을 얻을 수 있는 혁신을 경험하게 될 것입니다.

— 전준규

평소 생각이 많지만 정리해본 적 없는 분들, 삶을 넓게 보고 싶은 분들에게 추천합니다!

— 보노

평소라면 (아마 절대) 읽지 않았을 분야들을 요리조리 '찍먹' 할 수 있는 지식의 시식코너.

— 이민준

한 주제에 대해 여러 분야의 이야기를 알게 된다는 점이 좋았습니다.

— 김은미

어딜 가나 자주 듣던 이야기지만 자신 있게 말하기엔 주저하게 되는 상식을 총망라한 책!

— 차차

평소에 회사를 다니면서 그리고 가족들과의 관계에서 고민하던 내용들이 담겨 있습니다.

— 그린티

한빛비즈 코리딩 클럽(Co-reading Club)은 출간 전 원고를 독자와 '함께 읽고' 출간 과정을 함께하는 활동입니다. 이번 코리딩 클럽 독자분들의 아낌없는 도움에 감사의 마음을 전하며, 추천 메시지를 소개합니다.

나를 채우는
하루지식습관

2
나아가기

나를 채우는 하루지식습관 2: 나아가기

초판 1쇄 발행 2024년 5월 30일

지은이 박선영, 서진완, 이창후, 장선화, 장형진

펴낸이 조기흠
총괄 이수동 / **책임편집** 박소현 / **기획편집** 박의성, 최진, 유지윤, 이지은, 김혜성
마케팅 박태규, 홍태형, 임은희, 김예인, 김선영 / **제작** 박성우, 김정우
디자인 studio forb

펴낸곳 한빛비즈(주) / **주소** 서울시 서대문구 연희로2길 62 4층
전화 02-325-5506 / **팩스** 02-326-1566
등록 2008년 1월 14일 제 25100-2017-000062호

ISBN 979-11-5784-746-4 04300
         979-11-5784-744-0 (세트)

이 책에 대한 의견이나 오탈자 및 잘못된 내용은 출판사 홈페이지나 아래 이메일로 알려주십시오.
파본은 구매처에서 교환하실 수 있습니다. 책값은 뒤표지에 표시되어 있습니다.

⌂ hanbitbiz.com ✉ hanbitbiz@hanbit.co.kr ❑ facebook.com/hanbitbiz
Ⓝ post.naver.com/hanbit_biz ▶ youtube.com/한빛비즈 ◎ instagram.com/hanbitbiz

지금 하지 않으면 할 수 없는 일이 있습니다.
책으로 펴내고 싶은 아이디어나 원고를 메일(hanbitbiz@hanbit.co.kr)로 보내주세요.
한빛비즈는 여러분의 소중한 경험과 지식을 기다리고 있습니다.

나를 채우는
하루지식습관

2
나아가기

1일 10분,
술술 읽히는 이야기 교양

박선영·서진완·이창후·장선화·장형진 지음

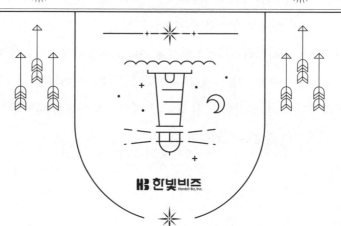

HB 한빛비즈
Hanbit Biz, Inc.

《나를 채우는 하루지식습관》은 하루 10분씩, 짬을 내서 읽기 좋은 지식을 모았습니다. 모든 것이 빠르게 변화하는 세상에서 우리에겐 '지식습관'이 필요합니다. 시류에 휩쓸리지 않기 위한 나만의 중심을 잡는 시간일지도 모르겠습니다. 하지만 오직 나만을 위한 지식은 아닙니다. 이 책은 나와 타인, 세상을 이해하는 데 조금이나마 보탬이 되길 바라는 마음으로 다섯 명의 저자가 모였습니다. 이 시대를 살아가며 최소한은 알아야 할 다양한 지식의 최전선을 주시했습니다. 그 경계를 넘나들고 종횡무진하면서 이야기하듯이 주제를 풀어냈습니다. 다양한 지식 이야기를 찬찬히 따라가다 보면, 일상에 지쳐 좁아진 시야가 트이면서 나만의 지식 세계관이 확장될 것입니다.

큰 틀에서는 인문사회, 과학기술의 시선의 균형을 갖추기 위해 주제를 선정했습니다. '호모라이터스'라는 팀으로 모인 저자들은 철학, 문학, 정치, 사회, 수학, 과학, 미디어, 예술, 도시, 건축 등 인간 생활에 필요한 전방위 지식을 서칭하고 글로 풀어냈습니다. 기획에서 출판까지 총 5년의 시간 동안 크로스되고 통섭된 방대한 지식이 《나를 채우는 하루지식습관》으로 탄생했습니다. 어지러운 일상 틈틈이 이 책의 '지식습관'이 도움이 되길 바랍니다.

4장 **이동**

2부 | 방향 : 어디를 향하고 있는가

5장 **눈**

6장 **방향**

7장 **좌우**

8장 모티브

3부 | 경제 : 자본주의 속에서 나아가기

9장 투자

10장 화폐

11장 수입

4부 | 공동체 : 함께 나아간다는 것

5부 | 구분 : 집단에서 내 길 찾기

6부 | 기술 : 급변하는 세상의 길목

20장 디지털

7부 | 자연 : 전체를 보면 길이 보인다

21장 진화

22장 땅

23장 일상과학

1부

걷기

새로운 세계로 나아가기

1장

걷기

호모 사피엔스의 공간 확장
모험과 탐험의 유전자

✕
✕
✕

150만 년 전 작은 키에 털북숭이였던 유인원, 호모 에렉투스는 삶의 터전 아프리카를 벗어나 북아시아, 유럽으로 건너가게 된다. 구석기 마지막 시대로 불리던 홍적세였다. 지구상에 아직 메머드가 살아 있었고, 빙하지역이 넓어졌던 그때, 그들은 더 나은 삶의 터전을 찾아 떠났을 것이다. 후대인들은 그들이 남긴 화석을 보며, 직립보행이 자유롭다는 의미에서 호모 에렉투스라고 이름 붙였다. 앞서 살았던 원인原人, 호모 하빌리스가 아프리카에서 발견된 것과 달리 이들은 중국 대륙에 그 흔적을 더 많이 남겼다. 베이징, 인도네시아 등에서 화석이 발견되었는데 지역의 이름을 따서 각각 베이징 원인, 자바 원인 등으로 불리기도 한다. 베이징시 팡산구에 위치한 동굴에서 발견한 '저우커우뎬의 베이징 원인'의 유적은 1987년 유네스코 세계유산으로 등록되어 있다.

이들은 불을 발견하고 사냥을 시작했으며, 한데 모여 살기 시작했다. 최근 학자들의 연구에 따르면 약 200만 년 전 아프리카에서 처음 탄생한 호모 에렉투스는 20만 년 후인 180만 년 전 조지아 드마니시, 170만 년 전 중국 남부 등을 거쳐 동남아시아에 온 것으로 추정된다.

진화를 거듭한 인류는 지금으로부터 30만여 년 전에 이르면 현명한 인간 즉, 호모 사피엔스가 된다. 그 과정에는 공간의 확장이 있었다. 남극과 사막을 제외한 전 세계에서 이들의 흔적이 발견되었는데 이들은 작아진 얼굴과 가벼워진 두개골 그리고 비교적 곧은 팔다리에 앞선 원인보다 더 큰 뇌를 가지고 있었다. 그들은 벽화를 남겼고, 성 역할이 구분되기 시작했다. 이를테면 남자는 사냥을 하고 여자는 가사와 육아를 담당했다.

고고학의 한 부류인 자연인류학에서는 호모 사피엔스의 출현을 두고 두 가지 학설이 맞서고 있었다. 원래 아프리카에서 유래하여 세계 각지로 펴졌을 것이라는 '아프리카 단일기원설'과 전 세계로 퍼져 살았던 원시인이 제각기 현 인류로 진화하는 과정에서 호모 사피엔스가 살아남았다는 '다지역기원설'이다. 그러나 현대 고고학 연구의 성과를 바탕으로 최근까지는 아프리카 단일기원설로 무게가 기울고 있다. 학계는 아프리카에서 탄생한 인류의 공통 조상이 현생 인류인 호모 사피엔스의 유일한 기원으로 결론을 내렸다.

그렇다면 그들은 어떻게 삶의 터전이자 공간을 확장해나갔을까. 이 질문의 답은 미토콘드리아 DNA(모계) 연구에 근거를 두고 있다. 미토콘드리아 DNA는 진핵세포 속 세포질에 위치한 작은 세포소기관이다. 인체의 가장 작은 염색체로 간주되는 미토콘드리아 DNA는 37개 유전자와 약 1만 6,600개 염기쌍으로 구성되어 있다. 사람을 포함한 대부분 종에서 미토콘드리아 DNA는 오직 모계로만 유전된다.

미토콘드리아 DNA로 인류의 조상을 연구하면서 그 결과를 지도에 옮겨놓으니 아프리카에서 출발한 호모 사피엔스는 전 세계 지역에서 발견되는 것으로 확인되었다. 이 자료를 근거로 볼 때, 아프리카에서 발견된 화석은 17~13만 년 전의 것으로 추정되며, 가장 최근에 발견된 화석은 9,000만 년 전으로 나타난다. 17만여 년 전 아프리카를 출발해 전 세계로 퍼지기까지는 16만여 년이 걸렸다.

대륙을 넘어 보이지 않는 도전을 거듭한 인류의 DNA에는 모험과 탐험의 유전자가 담겨 있는 것이다. 어렵지만 가보고자 하는 욕망이 문명을 탄생시켰고, 이제는 우주로 그 영역을 확장해 나가고 있다.

철학

걸으며, 철학하며 소요학파

우리는 걸어야 한다

✕
✕
✕

걷기는 철학이다.

산책하면서 철학을 논한 사람들이 있었다. 바로 '소요학파'다. 고대 그리스의 아리스토텔레스학파의 별칭이었던 '소요학파'에는 여러 장소를 여행한다는 의미가 담겨 있다. 아리스토텔레스와 그의 제자들이 자연을 산책하면서 학문을 논했다는 데서 붙여진 이름이다.

대철학자 아리스토텔레스는 그가 세웠던 학원 '리케이온'에서 학생들과 함께 걸으면서 사색하는 독특한 방법으로 철학을 교육하고 토론했다. 물론 그 내용은 아리스토텔레스 철학으로 알려진 논리학, 형이상학, 존재론, 윤리학, 정치학 등이었을 것이다.

당시 그리스 아테네에는 철학도를 위한 학파가 4개 있었다. 아리스토텔레스의 '페리파토스', 플라톤의 '아카데미아', 제논의 '스토아', 그리고 에피쿠로스의 '케포스' 등이다. 이들 학파는 학비를 받지 않고 독지가들의 후원으로 운영되었다. 소피스트들이 세운 고대의 사설 학원들이 돈을 받고 학생들을 가르친 것과 대조적이었다.

아리스토텔레스가 플라톤의 제자였다는 사실을 아는 독자라면 여기서 의문이 들 수도 있다. '아리스토텔레스가 스승에게서 독립해 또 다른 학파를 만들었다는 말인가?' 무언가 철학적으로 대립하는 느낌이다. 하지만 당시 학파들은 그저 철학자들이 제자들을 가르친 장소나 방식에 따라 이름이 붙여졌을 뿐이다. 그래서 같은 생각을 가진 사람들이라 해도 다른 장소에서 모여 공부할 때는 각자 다른 이름으로 불렸다.

아리스토텔레스는 '페리파토스'라는 긴 홀을 거닐면서 강의를 했다. 소요학파의 학교가 '리케이온'이라고 불린 것 역시, 개인이 붙인 간판명이 아니라 그들이 철학을 논한 지명에서 유래했다. 리케이온은 아폴론 신상을 모신 신전이 있는 성스러운 숲의 이름이었다. 철학을 논하기에 매우 적절한 장소였기 때문에 아리스토텔레스 이전부터 소크라테스, 플라톤, 프로타고라스 등의 철학자들이 여기서 토론을 벌였고 많은 시인들이 시를 낭송하기도 했다. 실제로 리케이온이 학파 혹은 학교로서 특별하고 확고한 체계를 잡는 데 기여한 사람은 아리스토텔레스의 후계자 테오프라토스였다. 리케이온은 B.C. 86년 로마 장군 루키우스 코르넬리우스 술라에 의해 파괴될 때까지 아리스토텔레스의 후계자들에게 이어졌다.

그들은 왜 산책하면서 철학을 했을까? 철학 공부를 해보면 난해한 주제와 용어에 매몰되어 생각이 경직되기 쉽다. 그래서 자주 주의를 환기시키면서 한 발짝 물러나서 생각할 필요가 있다. 산책과 철학은 이런 점에서 적절한 배합이 아닐까. 물론 오늘날은 철학 연구에 필요한 많은 책을 들고 다니기 힘들기 때문에, 항상 산책하면서 철학을 할 수 없긴 하지만 말이다.

철학이 아닌 일의 성과를 위해 산책을 한 사람도 있다. 바로 스티브 잡스다. 그는 산책 회의를 자주 주최했는데 회의실보다 산책하면서 회의할 때 사람들이 더 생산적인 아이디어를 낸다고 생각했다. 또한 중요한 사업 파트너들과 토론을 할 때도 산책을 하며 토론한 경우가 많았다.

수학

수학 진법의 탄생
걸음의 속도로 수를 세다

※
※
※

호모 사피엔스가 처음 맞닥뜨린 수학 문제는 무엇이었을까? 대칭 혹은 수數가 아닐까. 수만 년 전에 그린 동굴벽화나 빌렌도르프의 비너스, 구석기 유물들에는 대칭적인 표현이 잘 묘사되어 있다. 가족 단위의 숫자나 사냥 여부를 결정해야 할 포식동물의 수와 사냥꾼의 수를 비교하며 수를 인식하는 일도 자연스럽고 빈번하게 일어났을 것이다. 먼 옛날 문자가 발명되기 전부터 사람들은 수를 인식하고 있었을 것이다. '하나 둘 셋'이라는 추상적 언어로 수를 부르기에 앞서 사람이나 동물을 돌멩이나 나뭇가지에 대응시키는 대응관계로 수를 세었는지도 모른다.

작은 수에 머무를 때는 굳이 진법이 필요 없지만, 숫자가 커지다 보면 규칙적으로 숫자를 나타내는 것이 표현하거나 계산하는

데 훨씬 유리하기 때문에 자연스럽게 진법이 나타났다. 가령 1부터 100을 센다고 하더라도, 100개의 숫자가 아무런 규칙성 없이 개성 있게 표현된다면 숫자 100개의 표현법을 모두 외워야 할 것이다. 그리고 그 이전에 100개의 수에 대응되는 기호를 협의하는 데 시간과 노력이 많이 필요했을 것이다. 대개는 협의에 이르기 힘들어 소통을 위한 공용 언어의 범주로 자리 잡지 못했을 것이다. 100보다 큰 숫자는 표준화된 기호로 정착되지도 못할 것이며, 계산도 어려웠을 것이다. 진법을 사용하면서 숫자가 커져도 적은 수의 기호로 표현이 가능해지고 계산하기도 쉬워진 덕분에 수학은 인간의 실생활 영역에 자리 잡았다.

현대인에게 표준이 되고 익숙한 진법은 10진법인데, 손가락 개수와 밀접한 관계가 있을 것으로 추정된다. 호모 사피엔스가 나타나기 훨씬 전 옛날에 손이 땅으로부터 자유로워졌고, 수와 대응시킬 수 있는 가장 가깝고 유용한 도구인 손을 기준으로 하는 10진법이 먼저 역사에 등장했을 것이다.

그러나 기록상 최초의 진법은 60진법이다. 최초의 문명과 최초의 문자의 흔적에서 찾을 수 있다. 60은 1, 2, 3, 4, 5, 6, 10, 12, 15와 같은 여러 수를 약수로 갖기 때문에, 채집한 과일이나 강에서 잡은 물고기를 나눠야 할 때 편리했을 것이다. 지금의 이라크 남부, 유프라테스강과 티그리스강 사이의 메소포타미아 남쪽 지역에서 일어난 인류 최초의 문명인 수메르 문명의 기록에 따르면, 약 5,500년 전에 문자와 숫자 그리고 60진법이 나타난다. 60분이 한 시간이 되고 1분은 60초가 되어, 시간을 세며 살아가는 현대 사회까지 그 흔적이 남아 있다.

그런데 60이라는 숫자는 일상에서 다루기에는 다소 크다. 너무 큰 숫자를 단위로 진법을 세는 것은 일상에서 낭비가 될 수 있다. 시간에서 가장 기본이 되는 단위는 하루지만, 인구가 증가하고 사람들 사이의 거래와 소통이 잦아지는 사회의 일상에서는 더 작은 시간 단위가 필요하다.

12 역시 1, 2, 3, 4, 6과 같이 약수가 많고 60보다 작은 숫자이므로 일상에서 12진법 사용이 편리했을 것이다. 12진법은 시계에서만이 아니라 연필 12자루를 1다스로 하고, 12인치가 1피트에 해당되는 등 다양하게 사용되었고 아직 남아 있다. 이러한 편리성은 다른 문명으로 전파되고 오랫동안 지속될 수 있었다. 대부분의 현대인은 비록 두 시간에 11.2킬로미터를 걷지 못하지만 12진법에 따라 일상을 살아가고 있다.

직립보행과 인간의 뇌

호모 에렉투스의 탄생

×
×
×

170만 년 전 두 발로 걸어 다닌 호모 에렉투스의 진화는 현생인류 호모 사피엔스를 거쳐 오늘날 인류의 모습에 이르렀다. 직립보행은 인간의 특징 중 하나다. 네발짐승보다 에너지 효율이 뛰어날 뿐 아니라 뇌피질의 크기도 확대되는 방향으로 진화되었다. 네발짐승이 균형을 유지하기 위해 지속적으로 근육활동을 해야 하는 것과 달리 두발짐승은 누워 있을 때 필요한 에너지에 7퍼센트 정도의 에너지만 더 쓸 뿐이다. 활동하는 데 에너지 효율이 탁월한 두발짐승, 즉 인간의 신체는 지구에서 균형을 잡기에 아주 용이한 구조로 되어 있다. 그리고 두 발로 걷기 시작한 시점에서 인류의 뇌피질의 크기가 급속하게 확장하기 시작했다.

사회학자 프리드리히 엥겔스의 1896년 미완의 에세이 〈유인

리더의 역할이 어느 집단보다 중요했기에 충성심 또한 뛰어났고, 무엇보다 현실에 안주하지 않았다. 7.0을 자랑하는 몽골 유목민의 시력 또한 살아남기 위한 진화의 결과다.

시간을 거슬러 올라가면, 칭기즈칸으로 대표되는 유목민의 후예 중 한 무리가 목초지를 찾아 서쪽으로 이동해갔다. 11세기경 인도의 펀자브 지방까지 진출한 이들은 15세기 초에는 이베리아 반도에, 16세기경에는 영국으로 건너갔다. 여기에는 조금 다른 버전의 유래가 전해지는데, 집시의 조상을 아시아계 유목민이 아닌, 인도의 하급 카스트민으로 보는 의견이다. 인도에서 '불가촉천민'이라는 낮은 신분 때문에 거주지를 옮겨 다니던 집시들이 이베리아반도를 거쳐 유럽까지 건너갔다는 것이다. 어디서부터 시작되었건, 그들이 민들레 홀씨처럼 흘러 유럽까지 이동한 것은 사실로 보인다.

이들을 처음 본 유럽인들은 까만 머리, 까만 눈, 황갈색 피부를 가진 이들이 '이집트Egyptian'에서 왔을 거라 추측해 '집시Gypsy'라고 불렀다. 어느 곳에서도 환영받지 못했던 집시에게도 잠시 통행권이 허락된 적이 있었는데, 15세기 체코의 보헤미아 왕이 집시들에게 영내 통행을 허락한 것이다. 이후 이 지역에 거주하는 집시의 수가 늘고, 이때부터 프랑스에서는 집시를 '보헤미안'이라 부른다. 북유럽에서는 사라센인, 독일에서는 이교도를 뜻하는 '치고이너' 등으로 불렀다.

그러나 정작 집시들은 이 모든 이름을 거부한다. 스스로를 그 어떤 이름도 아닌, '로마'라고 칭한다. 로마Roma는 집시어로 '인간,

사람'이라는 의미. 그저 인간으로 불리기를 원하는 것이다. 국제 집시연맹은 자기 민족의 명칭을 로마로 통일시켰고, 1995년에는 유럽의회가 공식적으로 로마의 사용을 승인했지만, 이를 알고 있는 사람은 그리 많지 않다.

집시들은 예나 지금이나 그리 환영받는 종족은 아니다. 유랑이 천성인 집시들은 영토나 재산의 소유에 전혀 관심이 없다. 욕심이 없어서가 아니라, 땅, 나무, 물고기, 동물 등은 인류에게 부여된 공동의 재산이라는 인식이 강해서다. 남의 물건도 잠시 그 사람이 가지고 있을 뿐 누구의 것도 아니라는 인식이다. 이러다 보니, 물건을 훔치거나 사기를 치는 등의 범죄에 대해서도 죄의식이 약하다. 인도나 스페인을 여행할 때 유난히 좀도둑이나 귀엽다 싶을 정도로 소소한 사기꾼이 많았던 걸 복기해보면, 그들 역시 집시의 후예들이 아닐까 하는 합리적 의심이 든다.

그들에게는 남의 물건을 훔치는 것이 범죄가 아니라, 잠시 맡겨뒀던 물건을 지금 내가 필요하니 가져간다는 식의 '합법적 경제활동'이었다. 일부 전문가들은 이런 행위가 정착민들과의 차별성을 두고, 다른 민족에 흡수되는 것을 피하기 위한 의도적 행위로도 해석한다. 타민족과의 혼인도 허락하지 않는다. 나라가 없지만 종족까지 없는 것은 아니기 때문이다. 종족 간의 네트워크가 발달된 집시들은 가족들끼리 집단을 이루어 몇 가족에서 몇십 가족, 혹은 100명 정도의 무리가 유랑생활을 한다. 한 곳에 정착하지 않고 천막이나 포장마차 등에서 생활하며, 자유를 종교처럼 중요시한다. 자유를 찾아 유랑을 하고, 의식주 모든 일상에서도 자유를 추구한다. 화려하고 자유분방한 자신들의 색깔을 지키려 애쓰며, 춤과 노래로 유랑생활의 슬픔이나 외로움을 달랜다. 플라멩고는 온몸으로 자유와 열정을 표현하는 대표적인 집시 춤과 음악이다. 영화 〈보헤미안 랩소디〉의 주인공 프레디 머큐리는 외모와 재능 모든 면에서 집시의 전형이라 할 수 있다.

유럽 전역에서 수백 년간 차별, 박해, 멸시의 대명사로 배척당하던 집시 사회에도 변화가 일어나고 있다. 1970년대, 집시들은 역사상 최초로 국제집시연맹이라는 조직을 만들었다. 전 세계에 흩어져 살아가는 집시들이 하나의 연맹으로 뭉쳐, 처음으로 '영토 없는 나라'를 꿈꾼 것이다. 영토 없는 국민에게도 인권은 소중하다는 것을 국제 사회에 환기시키고, 나치에 의해 일어난 학살 등에 대한 보상까지 요구하고 나섰다. 그들의 구호는 '오프레 로마Opre Roma(집시여 일어나라)!

국제집시연맹의 노력으로 국제연합은 각국 정부가 자국 내 거주하는 집시들의 권리를 존중해야 한다는 결의문을 채택했다. 헝가리, 체코 등에서는 집시들이 정당을 결성하여 정치적 권리를 찾으려는 노력이 지속되고 있다.

사회

음식에 깃든 노마드

무엇이 원조인가

╳
╳
╳

삶 자체가 노마드였던 호모 사피엔스에게 본래 음식은 욕구 충족이라는 정서적 만족보다 몸을 움직이는 연료라는 의미가 더 컸을 듯하다. 음식에 문화가 깃들기 시작한 시기는 문명이 탄생한 B.C. 6,000년경, 농사를 위해 정착을 시작했을 때부터였을 것이다. 역사학자 주영하 교수는 특정 음식의 원류를 찾기는 쉽지 않다고 말한다. 실제로 짜장면은 중국에서 건너왔지만 중국 현지에서 한국식 짜장면을 찾기 어렵고, 일본식당에서 유래한 샤브샤브 역시 일본 현지에서 같은 음식을 찾기 어렵다. 하지만 사람들은 누가 처음 먹기 시작했는지 궁금해한다. 그래서 노마드생활에서 시작된 음식의 원류를 거슬러 올라가보려고 한다.

첫 번째는 나베鍋. 1931년 만주사변을 일으킨 일본이 이듬해

1932년 괴뢰국가인 만주국을 세우고 자신들을 기마민족의 후예라고 주장하고 나섰다. 그들은 유럽대륙을 침략했던 원나라에서 먹기 시작했다는 이동식 전골냄비에 끓여 먹었던 음식을 일본식으로 탈바꿈시킨다. 만주국에서 사업에 실패하고 1949년 돌아온 요시모토 겐지가 만주의 경험을 되살려 쇠로 만든 전골냄비에 양념에 재운 양고기로 만든 음식을 개발했다. 원래 '나베'는 일본말로 전골냄비를 뜻한다. 20세기 초까지 일본에서 양은 옷감을 만들기 위해 털을 얻고자 길렀을 뿐 고기는 대부분 버려졌다. 겐지는 싼값의 양고기를 철모처럼 생긴 냄비인 '나베'에 담아 파는 식당을 열었다. 기마민족의 상징인 몽골제국을 세운 황제 칭기즈칸의 이름을 빌려 '칭기즈칸 나베'라고 메뉴도 정했다. 초기에는 불판 가운데 양고기를 굽고, 육즙이 가장자리로 흘러내리게 해 국물을 밥과 먹을 수 있도록 했다. 마치 서울식 불고기판처럼 생겼다.

두 번째는 샤브샤브. 1952년 일본 오사카에 위치한 식당 '스에히로'가 처음 샤브샤브를 메뉴로 내놓았다. 식당 주인이 만주에서 군복무를 할 때 알게 된 중국의 솬양러우에서 아이디어를 착안한 것이다. 양고기를 끓는 물에 살짝 데쳐서 먹는 솬양러우는 일본으로 건너가 샤브샤브가 되었다. 샤브샤브는 국물이 끓는 소리를 딴 의태어.

중국의 솬양러우에 쓰이는 냄비를 '훠궈'라 한다. 중국 북제(550-557)의 역사서 《위서》에서 냄비의 실체를 확인할 수 있지만, 훠거가 유행한 시기는 청나라에 이르러서다. 청나라 건륭 황제가 530개의 훠거를 준비해 궁중연회를 열었다는 기록이 《수원식단》(1715)에 실려 있다. 중국 베이징에서 얇게 포를 뜬 양고기를 끓는 물에 데쳐 먹는 음식이 한국으로 건너와 음식 이름으로 진화한 것이다.

세 번째는 차茶. 5,000여 년 전으로 역사를 거슬러 올라가면 차는 음식이라기보다 약에 가깝다. 중국 한나라 때 기록된 《신농본초경》에서 그 기원을 찾을 수 있다. 농사의 신 신농씨가 백성들에게 약초를 전해주기 위해 효능을 확인하던 중 자신이 독초에 중독되었는데, 근처에 있던 차나무 잎으로 해독해 목숨을 구했다는 기록이 남아 있다.

차는 중국에서 귀한 음료였다. 특히 유목민인 티베트 사람들에게 차는 건강을 유지하는 데 없어서는 안 될 음료였다. 티베트인들이 즐겨 마시는 차를 소유차라고 한다. 소유는 소나 양의 젖을 의미한다. 젖을 끓여서 나온 기름을 버터처럼 응고시켜서 보관하는데, 필요할 때마다 소유에 볶은 보릿가루를 넣고 차를 끓여 만든다. 맑은 차가 아니라 기름기 도는 차인 셈이다. 혹한 속에서 살아가는 사람들에게 추위를 이길 수 있는 음식으로 제격이다. 게다가 신선한 채소를 구하기 어려워 부족해지는 필수 비타민을 차로 채울 수 있다. 티베트에서 즐겨 마시는 차는 보이차였다. 중국의 대표적인 차 집산지가 운남성 보이현에 있어 보이차라 불리는 이 차는 홍차처럼 발효된 차다. 차나무 잎을 덖어 이파리 형태를 그대로 살리면서 말리는 대신 떡 모양으로 둥글게 뭉쳐 발효과정을 거치며 건조시킨다. 많은 양의 차를 만들기가 용이하고 시간이 지나도 차의 풍미가 변하지 않는다는 장점이 노마드족 티베트인들에게 제격이었다.

'끼니를 때운다.' 급하고 바쁠 때 위를 대충 채운다는 의미다. 전쟁 통에 동네 아낙네들이 힘을 모아 만들었던 주먹밥이 그랬고, 곡식을 볶아 가루로 내 들고 다니면서 물에 타 먹을 수 있는 미숫가루가 그렇다. 비빔밥은 또 어떤가. 남은 반찬과 식은 밥을 큰 양푼이에 넣고 쓱쓱 비벼 한 끼 때우는 음식으로 그만이다. 한 끼를 해결하는 시간으로 평균 6분을 쓴다는 미국인들의 자랑거리 햄버거는 또 어떤가. 필수영양소를 한꺼번에 해결할 수 있는 노마드식 간편식의 대명사다.

가정간편식 시장의 성장세가 가파르다. 농수산식품유통공사의 자료에 따르면 2015년 약 1조 6,000억 원에서 2022년에는 약 5조 원에 이를 것으로 예상된다. 디지털 노마드 시대. 몸은 앉아 있지만 손과 뇌 그리고 마음은 전 세계를 넘어 우주까지 다니느라 더 바빠졌다. 또 디지털 노마드를 가능하게 해주는 수많은 긱 워커들. 과거 유목시대의 전통은 문화의 옷을 입고 식당에 어엿한 신메뉴로 자리 잡고 손님을 기다리고 있지만 바빠서 느긋이 식당에서 음식을 차려놓고 여유를 즐기기 어려운 많은 현대인들은 지금도 노마드식으로 한 끼를 때우고 있다.

영국의 역사학자 에릭 홉스봄은 "전통이란 19세기에 창조된 것"이라고 말한다. 19세기 대영제국의 이름을 휘날리던 빅토리아 시대를 맞아 영국 왕실의 각종 행사 내용이 마치 앵글로색슨의 전통을 계승하여 지금까지 지켜오고 있는 것처럼 선전했다는 것이다. 즉, 영국 왕실이 정통성을 확보하기 위해 여러 가지 기록을 짜깁기해 새롭게 포장한 결과에 지나지 않는다는 것이다. 음식문화도 마찬가지다. 경제적으로 성공한 나라가 자신들의 정체성을 찾기 위해 역사를 짜깁기한다는 것이다. 굳이 어느 나라에서 유래된 것인지 찾기보다 지구인 모두의 유산으로 생각하고 이를 바탕으로 새로운 것을 만들어내는 것이 더 현명한 태도가 아닐까?

유목민의 철학이 없는 이유
구르는 돌에는 이끼가 끼지 않는다

✕
✕
✕

흔히 유목민들에게는 철학사상을 찾기 어렵다고 말한다. 그 배경을 살펴보자.

인류 역사상 칭기즈칸의 몽골제국을 능가하는 세계 최대의 제국은 없었다. 칭기즈칸이 이끄는 몽골족은 아시아의 동쪽 끝에서부터 유럽 한가운데까지 정복했는데 이 정도의 대제국은 교통과 통신이 발달한 오늘날에도 성립하기 어렵다. 대제국을 이룬 만큼 그들에게도 철학이나 사상이 있을 법하다. 그런데 아쉽게도 칭기즈칸의 철학 혹은 몽골족의 철학은 알려진 것이 없다. 왜 그럴까?

역사학과 인류학 등의 연구 결과에 따르면 인류의 초기에는 별로 크지 않은 집단생활을 하면서 일정한 범위 내에서 이동하며 유목생활을 했다. 세계적인 베스트셀러 《총균쇠》에서 재레드

다이아몬드는 유목생활에 대해 이렇게 설명했다. '새로운 식량과 사냥감을 찾기 위해서 이루어지는데, 이럴 경우에는 식량이 있다고 하더라도 저장을 할 수 없고 특히 아이들을 한 번에 많이 낳을 수가 없게 된다. 반면에 농경을 하면서 정착생활을 하게 되면 많은 식량을 저장할 수 있게 되고 또 아이를 많이 낳아도 키울 수 있게 된다.'

동시에 여가시간도 늘어난다. 유발 하라리는 《사피엔스》에서 수렵채집인이 농경인보다 더 많은 시간을 일하면서도 오히려 영양 상태는 더 나빴다고 말한다. 그만큼 정착생활을 해서 의식주가 여유로워졌다는 것을 의미한다. 그렇게 해야만 연구와 학문을 위한 여가시간을 얻을 수 있다.

동서양의 철학사상 발생지에서도 이것을 엿볼 수 있다. 동양의 주류 학문인 유교는 농경사회의 가부장적 질서를 도덕과 정치 이념으로 발전시킨 것이다. 군사부일체君師父一體는 정치권력과 가족 질서를 같은 것으로 간주하는 것이고 그 출발점은 부모에 대한 효孝이다. 가족 질서가 사회체제로 확장되는 것은 농경사회의 특징인데, 이웃들이 가족들만큼 일정하게 주위에 존재하고 농사일을 할 때 협업이 정기적으로 필요하기 때문이다.

서양의 주류 학문인 수학과 철학은 아테네에서 발달했다. 아테네는 상업의 중심도시였다. 상업은 이동을 전제로 하지만 동시에 고정된 위치의 시장이 있어야 하며 상업에 종사한 여러 사람들과 지역들 중에서 시장에 정착했던 사람들이 학문을 발전시켰다. 다만 그들에게는 농경사회처럼 집단의 협업보다는 각 장사꾼들의 권리가 중요했으므로 개인의 권리를 중시하는 정치이념을 발전시켰다.

이런 점에서 조선시대의 과거제도는 문명적 배경을 추론할 수 있다. 과거시험이 있었다는 것은 전국적으로 학문을 업으로 삼는 사람들이 충분히 있었고, 그만큼 풍요로웠다는 것을 의미하기 때문이다. 이에 반해 일본은 당시 조선과 같은 풍족한 사회적 기반이 없어서 이 제도를 실현할 수가 없었다.

디지털 노마드 세대는 어떨까? 농경생활처럼 정착하지는 않아도 의식주는 충분하여 여가생활은 늘어나는 추세이므로 철학사상이 발전하지 못할 상황은 아닌 것 같다. 다만 의사소통과 지식이 축적되는 방식은 달라졌다. 어떤 철학사상이 새롭게 발전할 수 있을까?

상식

디지털 유목민의 시대
역사상 가장 영리한 세대

✕
✕
✕

디지털 기술의 발전과 확산으로 인류는 디지털 신인류로 진화하고 있다. 새로운 인류는 컴퓨터, 스마트폰 등 디지털기기에 익숙한 세대로 단순히 정보를 얻는 데 그치지 않고, 서로 소통하며 새로운 생활방식과 문화를 만들어내고 있다.

디지털 세대는 온라인 커뮤니티를 기반으로 한 'N세대'에서 출발한다. 1990년대 인터넷이 본격적으로 확산되면서 네티즌들은 뉴스는 물론 실생활에 필요한 정보검색도 인터넷으로 해결하고, 커뮤니케이션도 이메일을 중심으로 이루어지는 한편, 온라인 카페를 중심으로 취미나 생각을 공유하면서 인터넷에서 생활이 그들의 중심이 되었다.

2000년대에 들어서 스마트폰, 노트북, 패드 등 휴대용 디지털

기기가 보편화되면서 '디지털 노마드'라는 개념이 나왔다. 미래학자 자크 아탈리는 과거 유목민들처럼 자유롭게 이동하면서 디지털기기를 활용하는 사람들을 디지털 노마드라 명명했으며, N세대에서 이동성이 훨씬 높아진 디지털 세대의 특징을 강조했다. 이동 중에도 자유자재로 인터넷을 사용할 수 있는 모바일 시대와 결합하여 카페나 거리에서 무선 인터넷을 사용하는 모습이 일상화되고 있다.

캐나다 출신 경영 컨설턴트 돈 탭스콧은 이런 새로운 세대를 디지털 원주민Digital Native이라고 했다. 디지털 원주민은 디지털 문화를 공기처럼 호흡하며, 태생적으로 적응하면서 자라난 세대로, 어른이 되어 디지털 문화를 수동적으로 수용하는 '디지털 이주민'과는 차별화된다. 디지털 원주민은 디지털 문화를 적극적으로 수용하면서 새로운 문화를 창조해나가고 있다. 인터넷을 통해 공동의 관심사를 공유하고 새로운 트렌드를 이끌어간다.

디지털 유목민 혹은 디지털 원주민들은 단순히 신조어나 축약어, 혹은 이모티콘을 즐겨 사용하고, 참을성이 없어 쉽게 리셋 버튼을 눌러대는 철없는 세대가 아니다. 한때는 인터넷 중독이나 잘못된 시민의식을 가진 세대로 기성세대의 오해를 받았던 이들은 똑똑한 것을 멋지다고 생각하고 자기 자신과 삶을 바라보는 시선이 긍정적이며, 온라인에서 자유를 얻었기에 실생활의 태도와 제도까지 바꾸면서 나름대로 세상을 꾸려나갈 줄 안다. 이들은 무엇이든 맞춤화하고 개인화하는 것을 좋아하기 때문에 사회가 강요하는 대로 획일적으로 살아가기를 거부한다. 재미를 중시하고, '빨리빨리'에 익숙하고 그것이 가능하도록 한다. 이들은 직장 내 서열을 무너뜨리고 동료와 협력하면서, 놀이를 하듯 즐겁게 일하는 경향이 있다. 그러면서도 해야 할 일은 재빨리 처리해 버린다. 소비방식도 과거와 달리 광고를 접하되, 비판적으로 진위를 따지고 적극적으로 의견개진을 통해 품질 개선을 유도하거나 때로는 불매운동을 이끌어가기도 하는 '프로슈머'로, 언론이나 비평가보다 친구의 의견을 더 신뢰하며 '대중 권력'을 만들어 낸다. 젊은이들은 또 시민활동을 넘어 정치에 직접 참여하는 쪽으로 사회를 변화시키고 있다. 더 많은 발언권을 달라고 요구하며 소셜 네트워크를 활용해 직접 여론을 형성한다.

돈 탭스콧은 기성세대가 마음을 열어 자유와 맞춤화, 재미 추구, 혁신과 같이 이들 세대가 가진 특성을 받아들이고 사회개혁의 토대로 적극적으로 활용할 필요가 있다고 보았다. MZ 세대는 디지털 유목민, 디지털 원주민의 주류를 이루고 있다. 결국 이들이 강조하는 정직, 투명성, 신뢰성이 보다 강화되고 이들이 마음껏 활동할 수 있는 환경이 만들어져야 한다. 그것이 사회 발전을 위한 원동력이 될 것이기 때문이다.

3장

지도

지도를 거꾸로 보기

다른 세상을 보는 법

✕
✕
✕

세계지도를 거꾸로 본 적이 있는지? 기존 지도에서 북반구와 남반구의 위치를 바꾼 모습은 우리에게 낯설다. 그런데 생각해보면, 지구는 둥글기 때문에 왼쪽과 오른쪽 그리고 북쪽과 남쪽의 기준은 임의적일 뿐이며, 지도상의 위치는 실제의 모습보다는 공간 관계에 따른 묘사에 불과하다. 비행기 기내에서 항공사의 운항노선도를 보면, 자국을 중심으로 세계로 비행하는 노선을 그린 세계지도를 볼 수 있다. 국내에서는 한국이 지도의 중심에 위치한 태평양 중심의 지도가 통용되고, 미국과 유럽에서는 각각 자기 대륙이 중심에 위치하는 아메리카 중심 지도와 유럽 중심 지도가 마치 표준처럼 널리 사용되고 있다. 마찬가지로, 북쪽을 위쪽에 둔 지도가 익숙해 북반구가 지구의 위쪽에 위치하고 남반구는 자연스럽게 아래쪽에 위치하는 것으로 알고 있다. 서양에서는 유라시아 대륙이 오른쪽에 아메리카 대륙이 왼쪽에 그려진 지도가 익숙한 것과 같은 맥락이다.

거꾸로 지도는 생각보다 오래전에 제작되었다. 호주의 정치인 스튜어트 맥아더는 열두 살 때 학교 과제를 위해 거꾸로 된 세계지도를 처음으로 그렸다. 당시 지리 교사는 맥아더에게 올바른 방식으로 다시 그려오라고 했는데, 그때 그는 이렇게 말했다. "우주에 떠 있는 지구는 실제 위아래가 없기 때문에 이 또한 잘못된 지도가 아닙니다."

3년 후 일본 교환학생 시절, 일본에서 지내는 동안 맥아더는 미국에서 온 학생들로부터 호주는 세계 밑바닥에 있다는 놀림을 받고, 호주로 돌아와 대학에 진학한 후 1979년 호주가 세계의 꼭대기에 올라가 있는 현재의 거꾸로 지도를 정식으로 제작했다. 그동안 남반구를 지구의 구석에 위치시켰던 통념을 기분 좋게 비판하는 지도다.

이어 국내에서도 1996년 한국수산해양개발원 길광수 박사가 한반도를 중심으로 세계로 뻗는 해양항로를 제작한 거꾸로 세계지도를 소개했다. 그는 유럽 중심의 기존 세계지도에서는 대륙의 변방으로 보였던 한국을 세계 물류이동의 중심국가로 자리매김할 수 있는 것이 지도라고 생각했다. 기존의 지도를 거꾸로 보는 순간 세계를 향해 탁 트인 한국, 태평양을 앞마당으로 둔 한국이 보인 것이다.

이후 해양수산 관련업계와 정부부처 등에서 거꾸로 지도에 대한 활용을 강조하기 시작했다. 사이버외교사절단 반크는 2015년 '거꾸로 보는 세계지도'를 세계에 알리기 위해 영문세계지도를 제작해서 배포하기도 했다. 보통 세계지도에서 한반도는 유럽, 중국, 러시아가 속해 있는 커다란 유라시아 대륙의 꼬리부분에 작은 혹처럼 붙어있다. 그러나 반크 역시 세계지도를 뒤집어 보면 한반도는 유라시아 대륙의 꼬리에서 유라시아 대륙과 태평양을 연결하는 관문지역으로 바뀐다는 점을 강조했다. 거꾸로 지도는 이처럼 단순하지만 결코 쉽지 않은 발상의 전환과 고정관념의 탈피로 만들어졌다.

이외에 정치적인 타협의 산물로 그려진 세계지도도 있다. 제2차 세계대전이 끝나고 유엔에서 채택한 유엔기는 평화를 상징하는 올리브나무가 지구를 감싸고 있는 형상인데, 이 지도는 북극을 중심으로 경도 0도와 180도를 세로축으로 그려져 있다. 그 이유는 제2차 세계대전 직후 동서냉전이 시작되면서 서방의 리더국인 미국과 공산권의 리더국인 소련이 타협한 산물로 두 초대강국이 다른 나라들보다 크게 보이기 위해서는 북극에서 본 지도가 유리했기 때문이다. 거꾸로 지도에도 남반구를 위쪽에 자국을 중앙에 위치한 호주 지도와 유사한 기법이지만 땅 넓이를 일부러 부풀리지는 않았다. 정치적으로 대립하는 관계였기 때문에 절대 허용할 수 없는 일이었다.

집에 있는 지도를 거꾸로 돌려보자. 지금까지 보았던 익숙한 지도가 낯설게 느껴지면서 새로운 사실들을 발견하게 될 것이다. 시선을 돌려보자.

지도의 역사의 역사

전체를 보고 걷다

✕
✕
✕

미지에 대한 탐험은 지도를 발명하는 원동력이었다. 가장 오래된 세계지도로 기록이 된 것은 B.C. 7,000년경 고대도시 바빌론에서 제작된 것으로 추정되는 점토판 지도로 대영박물관에 소장되어 있다. 세계를 평면으로 그려놓은 이 지도에는 유프라테스강을 중심으로 아시리아 등이 그려져 있다.

지도 '맵map'의 어원은 '두루마리 천'을 의미하는 라틴어 '마파Mappa'에서 유래했다는 설과 그리스어 코스모스(영어)를 라틴어로 번역한 '문두스(세계라는 뜻)'에서 유래했다는 설이 있다.

지구를 둥글게 그리기 시작한 것은 B.C. 6세기경 고대 그리스에서부터다. 이 아이디어를 처음 제시한 것은 고대 그리스 밀레토스 학파를 이끌었던 아낙시만드로스로 알려져 있다. 아낙시만드로스의 아이디어를 재현해낸 사람은 역사가이자 지리학자였던 헤카타이오스. 그들은 지구가 평평한 원반처럼 생겼다고 믿었다. 그들이 그린 지도에는 밀레토스를 원의 중앙에 놓고 위쪽에 유럽을, 왼쪽 아래에는 아프리카 그리고 오른쪽 아래에는 아시아를 그려놓았다.

조선의 지도 역사도 뒤지지 않는다. 조선태종 2년(1402년)에 제작된 〈혼일강리역대국도지도〉는 당대 동아시아의 지리정보를 망라하여 제작한 세계지도다. 다만 아메리카 대륙과 오스트레일리아 대륙은 이 지도에 없다.

조선시대 지도의 역사는 1861년 김정호의 〈대동여지도〉로 클라이막스에 이른다. 발로 쓴 실측지도로 227면에 이르는 지도첩에 한반도를 꼼꼼하게 묘사해놓았다. 400년 전의 〈신증동국여지승람〉을 참고로 만든 지도로, 한국의 전통적인 지도학을 집대성한 기록이자 보물이다.

중세시대에 등장한 T-O지도는 고대의 아낙시만드로스와 헤카타이오스의 지도를 근원으로 하고 있다. T-O지도는 중세 서유럽에서 쓰던 지도다. 세상이 둥글다고 믿었던 것도 고대 그리스의 문명을 그대로 이어받고 있다. 주위에 바다가 있고 둥근 땅에 T형으로 바다가 나뉘어 있다. 가로는 흑해와 홍해 세로는 지중해가 흐른다. 중앙에는 그들의 성지인 예루살렘이 있다. T-O지도에서는 동쪽이 위쪽이다. 아시아(셈족)가 위쪽, 왼쪽 아래가 유럽, 오른쪽 아래가 아프리카가 놓이게 된다.

중세 가톨릭 사상을 바탕으로 그려진 지도가 실측지도로 진화하게 된 시기는 16세기에 이르러서다. 1507년 독일의 지도 제작자 마르틴 발트제뮐러가 아시아 대륙과 또렷이 분리된 신세계를 처음으로 지도에 그려 넣었다. 그는 아메리카라는 이름을 처음 쓴 인물로 기록된다. 이탈리아 피렌체 출신인 아메리고 베스푸치의 여행담을 듣고 영감을 얻은 그는 신대륙 남쪽을 아메리카라고 부르게 된 것. 1569년 네덜란드 지리학자 헤라르뒤스 메르카토르는 이 지명을 신대륙 전체로 명명했다. 메르카토르가 1539년 발간한 세계지도는 선원들에게 유용해 항해에 자주 이용하게 되면서 과학적인 지도로 인정받게 되었다.

서양 중심적이고 3차원의 지구를 2차원에 옮겨놓으면서 실측과 거리가 멀고 지리적인 왜곡이 심하다는 문제점에도 불구하고 세계지리사에는 과학적 지도제작법으로 '메르카토르 도법'을 기록하고 있다. 아메리카와 아프리카 대륙을 항해한 유럽의 항로 개척에 메르카토르의 지도가 함께했기 때문이다.

나침반이 바꾼 세계
길을 찾기 위한 노력

✕
✕
✕

천연 자석을 뜻하는 영어 'lodestone'은 '길'이라는 뜻의 고대어로 '길을 알려주는 돌'이라는 의미다. 고대인들은 자성을 띠고 있는 돌이 있으면 어떤 방향으로든 회전축 위에서는 항상 균형을 이루며 돈다는 사실을 알고 있었던 것이다.

뱃사람들은 수백 년 동안 자성을 이용한 나침반을 만들어 항해에 이용해왔다. 당시 마법을 가진 도구로 알려진 이 나침반이 널리 보급되기 전까지만 해도 뱃사람들은 추측에 의지하여 넓은 바다를 항해할 수밖에 없었다. 나침반의 등장으로 위험하고 불안했던 항해는 보다 안정되고 예측 가능하게 되었다.

나침반은 약 4,500년 전 중국에서 발명되었다. 항해에 나침반을 이용한 시기는 1,000년 전후로 알려져 있다. 중국의 항해는 정화가 1431년 60여 척의 대선단을 이끌고 인도, 아랍, 동아프리카에 이르는 항로 개척에 나섰을 때, 나침반이 없었다면 불가능했을 것이다. 이후 12세기 말과 13세기 초 중국인의 나침반이 아랍을 통해 유럽으로 전해졌으며, 발전을 거듭한 끝에 오늘날과 유사한 형태의 나침반으로 진화했다. 이후 포르투갈, 네덜란드 상인을 통해 일본 나가사키로, 그리고 중국 상인을 통해 다시 중국으로 지구 한 바퀴를 돌았다. 나침반의 회귀인 셈이다.

서양에 전해진 나침반은 근대 서양의 문명사적인 발전에 큰 영향을 미쳤다. 1492년 콜럼버스가 아메리카 대륙에 도착한 것을 비롯해 1519년 마젤란의 세계일주 항해에 이르기까지 나침반 덕분에 세계 경제무역은 성장했고 자본주의의 발전으로까지 이어졌다.

나침반의 원리는 동물들도 활용하는 것으로 알려져 있다. 대표적인 사례는 철새와 연어를 들 수 있다. 주지하다시피 철새들이 무리를 지어 시베리아 등 북쪽 지방에서 지내다가 우리나라에서 겨울을 지내기 위해 먼 거리를 날아오는데 새들이 그토록 먼 거리를 쉬지 않고 비행할 수 있는 비결도 궁금하지만, 무엇보다 어떻게 정확하게 길을 찾아서 날아갈 수 있는지는 신비로운 일이었다. 최근 철새 무리의 장거리 비행을 설명하는 연구결과가 잇따라 발표되고 있는데 지구의 자기장이 철새 무리가 길을 잃지 않도록 길잡이 구실을 한다는 것이다. 새의 뇌에 들어있는 자철광은 지구자기장의 방향을 감지할 수 있기 때문에 새들은 스스로 나침반을 휴대하고 이동하는 셈이다.

연어는 민물에서 태어나 바다로 나가 일생의 대부분을 보내고, 다시 자신이 태어난 장소로 정확하게 돌아와 알을 낳고 죽는다. '연어의 회귀'는 여전히 미스터리로 남아 있지만, 미국의 한 연구팀의 최근 주장이 흥미롭다. 연어가 먼 거리를 회귀할 수 있는 이유는 몸속에 '자기장 지도'를 가지고 태어나기 때문이라는 주장이다. 연어의 몸속에는 나침반과 지도의 기능을 하는 신경세포가 있다는 것이다. 연구팀은 아직 바다로 나가지 않은 연어 치어를 대상으로 지구자기장의 영향을 차단하고 새로운 자기장을 만들어 움직임을 관찰한 결과, 치어들은 평소와 다른 방향으로 움직였다. 연어가 본능적으로 느끼는 동서남북이 자기장의 변화로 달라졌고, 연어들이 이에 반응한 것으로 해석된다. 연구팀은 연어 이외에도 거북이, 상어와 같은 해양 생물체도 선천적으로 자기장 감각을 이용하는 것으로 보고 있다.

철새와 연어 같은 동물들은 이미 자신의 몸속에 천연의 나침반 혹은 내비게이션을 장착하고 있는 셈이다. 우리 인간은 나침반을 발명하여 길을 찾는 데 활용했으며, 최근 첨단 과학기술이 집약된 GPS 장착 내비게이션으로 보다 정교하게 길을 찾고 있다. 그럼에도 불구하고 이미 몸속에서 길을 찾을 수 있는 능력을 가진 동물들과 자연에서 여전히 배우고 참고해야 할 것들이 많아 보인다.

철학

철학의 지리적 조건
생각이 흐르는 환경

✕
✕
✕

지도는 철학을 이해하는 데에도 도움이 된다. 철학의 내용을 보면 추상적이고 사변적이라 얼핏 주변의 조건과는 무관해 보인다. 하지만 지도에 그려진 지리적인 요건에 의해 크게 영향을 받는다. 독특한 철학이 발달한 지역에는 그럴 만한 지리적 여건을 갖추고 있다.

크게 보면 동서양의 철학이 구분되는 까닭은 두 세계가 오랫동안 공간적으로 분리되어 있었기 때문이다. 실크로드를 통해서 간헐적으로 교류가 있었긴 하지만 충분히 많지 못했다. 반대로 중국과 한국, 일본은 지리적으로 가까워서 많은 문물을 서로 주고받을 수 있었고 유교와 불교 등을 공유하는 철학적 사조도 유사한 흐름을 보여준다. 단순히 '차이가 있다'를 넘어서 각각의 철학 내용이 어떤 것인가도 그 지역의 지리적 조건에 크게 영향을 받는다. 서양철학의 발상지인 그리스를 보자.

그리스 아테네는 해양국가다. 그리스 지역에는 바다에 접해 있었으며 섬이 많고 그리스인들은 스스로 '바다를 떠나서는 살 수 없는 사람들'이라고 했으며 상업을 통해 부를 축적했다. 그래서 그들은 추상적인 숫자를 먼저 다루었고 그 숫자로 사물을 다루었다. 이것이 서양철학에서 수학과 수학적 추리를 발전시킨 환경이었으며 그들이 인식론적인 문제를 가지고 있었던 이유다.

중국철학의 환경인 아시아 대륙에서는 넓은 농토를 배경으로 농사를 짓는 조건이었다. 대규모 농사를 위해서는 가족 단위의 노동력이 중요했고, 그 다음에는 씨족 단위 혹은 마을 단위의 집단 노동이 중요했다. 그래서 사회적 관계 유지가 필수적이었기 때문에 예禮를 강조하는 유교적 사고방식이 생겨났다. 또한 가족 관계의 핵심인 효孝를 발전시켜 국가공동체 윤리의 기반인 충忠의 개념이 생겨났다. 그들에게는 숫자보다는 당장 집 앞을 나서면 눈에 보이는 논과 밭이 중요했기 때문에 자연을 찬미하고 인간의 기교를 불신하며 원시적인 생활에 만족하는 노자老子의 사상이 생길 수도 있었다.

그리스 아테네에서 소피스트들에 의해 발달했던 상대주의 철학도 이런 지역적 환경과 연관이 깊다. 상대주의란 '모든 진리는 상대적이다'라는 사조로 해양국가 사람들이 여러 다른 문화권의 사람들과 끊임없이 교류하다 보면 이런 상대주의 철학은 필연적일 것이다. 자기만의 문화기준을 고집해서는 다른 지역 사람들과 무역을 할 수 없기 때문이다. 동시에 숫자로 계산하는 논리의 객관성도 일찍 인식해서, 수학과 논리학 역시 발전했다.

한편 가족 단위 농업을 하게 된 중국에서는 가부장제가 발달했고, 논리보다는 경험과 연륜에 의존하는 권위가 중요했다. 그래서 '공자왈, 맹자왈'에서 알 수 있듯이 수학과 논리보다는 옛 성현의 말씀을 받아 적고 따르는 과거지향적 방식의 철학이 발전했다.

동양에서 별도의 위치를 점하는 인도도 마찬가지다. 인도의 면적은 한반도의 17배인 328만 7,263평방미터에 달할 정도로 넓다. 2,400킬로미터의 길이와 280킬로미터의 폭의 평원지대는 인더스강과 갠지스강, 그리고 브라마푸트라강 등을 끼고 있어 역사적 문명의 중심지였고, 그 안에서 많은 사람들이 독자적인 사상을 발전시킬 수 있었다. 또 넓은 인도는 외부 세계와 충분히 고립되어 있었다. 북으로는 히말라야 산맥과 부속 산맥군으로 이루어진 산악지대가 가로막아 인도의 육로를 외부로부터, 특히 중국으로부터 차단시키는 역할을 했다. 서북부에는 힌두쿠시 산맥이 있고 동북부에는 아라칸 산맥과 밀림 지역이 있어서 동남아시아 지역과의 교통도 차단해주었다. 이것이 힌두교와 불교 등의 독자적인 철학사상을 발전시킬 수 있었던 지리적 조건이다.

4장

이동

바퀴의 혁명적 역사

기계의 힘으로 나아가다

✕
✕
✕

바퀴는 인류 문명의 신기원을 이룬 획기적인 발명품이었다. 바퀴가 없었다면 인류는 훨씬 좁은 반경 안에서 훨씬 오랫동안 머물렀을 것이며, 현재와 같은 문명을 이루는 데도 더 많은 시간이 필요했을 것이다. 움직이고, 달리고, 날기까지 하는 '이동'의 세계는 그 시작은 작고 둥근 나무바퀴에서 시작되었다.

인류 역사에서 처음 등장한 바퀴의 흔적은 수메르 문명 발상지인 현재의 이라크 땅 우루크 지역에서 발견된 그림글자이다. 약 5,500년 전에 그려진 이 그림글자는 썰매의 형태를 뚜렷하게 묘사하고 있지만, 고고학자들 사이에서도 이것이 우리가 생각하는 바퀴를 의미하는 지 의견이 분분하다. 썰매의 형태에서 바퀴의 기원을 찾으려 한 이유는, 바퀴가 발명되기 전까지 짐을 운반하기 위한 도구로 나무썰매를 이용했기 때문이다. 나무토막을 널빤지처럼 엮거나 나뭇조각에 끈을 매달아 짐을 운반하는 방식은 B.C. 7,000년경부터 사용된 것으로 추정된다. 나무썰매를 이용하면서, 사람이 어깨에 짐을 지고 운반했을 때보다 더 많은 짐을 쉽게 운반할 수 있게 되었다. 이후 소, 양, 염소, 나귀 등을 사육할 수 있게 되면서 나무썰매를 끄는 데 가축이 이용되기 시작했다. 그러나 그 널빤지 썰매를 바퀴 위에 올릴 생각을 하기까지는 또 1,000년의 시간이 필요했다.

B.C. 6,000년경 스칸디나비아 반도와 알래스카에서는 소가 끄는 나무썰매가 꽤 활발하게 이용되었다고 한다. 하지만 질퍽이는 진흙길이나 언덕길에서는 썰매를 끌기가 쉽지 않았을 것이다. 이때 누군가가 나무썰매 밑에 굴림대를 받쳐 굴리기 시작했다. 굴림대가 별거겠는가. 통나무를 길게 늘어놓고 그 위로 나무썰매를 굴려 이동이 용이하도록 만든 것이다.

고대 이집트에서는 이 굴림대를 훨씬 효과적으로 이용한 흔적이 있다. 바로, 이집트의 피라미드 건설에 굴림대를 이용한 것이다. 피라미드 건설에 오랜 세월이 소요되다 보니, 필요는 발명을 낳았다. B.C. 2,500년경 굴림대에 구멍을 뚫어 축을 끼운 다음 나무막대를 양쪽 통나무 굴대 축에 앞뒤로 연결한, 현대와 같은 바퀴가 등장하게 되었다. B.C. 2,000년경에는 중심 바퀴통과 테두리 바퀴를 연결하는 4~6개의 바퀴살을 끼워 이전의 원판형 바퀴보다 빠르게 구르고 충격 흡수력도 개선되었다.

이제 바퀴살 바퀴를 단 수레까지 등장했지만, 그냥 나무썰매를 이용하던 때보다 크게 나아진 것은 없었다. 왜냐하면 수레바퀴가 굴러갈만한 제대로 된 길이 없었기 때문이다. 바퀴가 있었지만, 바퀴를 굴리는 것이 동물의 발로 이동하느니만 못한 속도였다. 진흙길이나 경사로에서는 나무썰매나 바퀴 단 수레나 무용지물이긴 매한가지였다. 바퀴가 구르기 용이한 도로가 필요했다.

로마제국이 위대한 이유는 길을 낼 줄 알았기 때문이다. 모든 길은 로마로 통한다 하지 않았던가. 로마제국은 수레가 구르기 쉽게 길을 만들었을 뿐 아니라 트랙을 만들어 전차경주를 즐기는 등 오락으로까지 활용했다. 전차의 사용이 늘어나면서 바퀴살 바퀴도 확산되고 발달되었다. 전쟁을 통해 세력을 키워가던 고대 왕국들에게 전차는 현대의 스텔스 항공기 못지않은 전략무기가 되었다. 이때 발달된 바퀴살 바퀴의 형태는 이미 완전한 형태로, 이후 19세기에 이르기까지 바퀴살의 개수만 바뀔 뿐 큰 변화 없이 도로를 달리게 되었다.

최초의 바퀴가 발명된 이후 거의 5,000년에 걸쳐 서서히 진화한 바퀴는, 최근 2세기를 지나면서 비로소 그 진가를 드러내기 시작했다. 산업 시대에 들어서면서 마침내 제자리를 찾은 것이다. 사람들은 산업 시대의 놀라운 변화를 상징하는 이미지를 바퀴에서 찾았다. 혁명을 뜻하는 영어 단어 'Revolution'은 바퀴의 속성인 '회전'을 뜻하기도 하니 말이다. 혁명은 곳곳에서 공장과 기계를 빙글빙글 돌리는가 하면, 자동차를 움직여 물건을 운반하기도 하고, 또 사람들을 이 도시 저 도시로 실어 나르는 바퀴를 상징한다.

바퀴는 '근육의 힘'에서 '기계의 힘'으로, 이동수단의 패러다임을 바꿔놓았다. 세상을 움직이는 모바일의 단초가 된 것이다.

사회

일자리를 만든 아우토반
길을 만드는 과정

╳
╳
╳

모든 길은 로마로 통한다.

인구에 회자되는 이 말처럼, 로마제국은 길을 내는 데 적극적인 나라였다. 로마 이전까지의 비포장 길들과 달리 도로 위를 평평하게 다듬은 포장도로를 만들었으며, 완성된 도로에는 반드시 우회로를 만들어 도시가 고립되는 것을 막았다.

이렇게 만들어진 유럽의 포장도로 위를 사람과 우마차가 함께 걷고 달렸다. 꽤 시간이 흘러 1500년대 초에 생존했던 프랑스의 점성술사 노스트라다무스는, 20세기의 지구 모습을 '딱정벌레 같은 것들이 도로를 가득 메운다'고 예언했다. 1908년에야 자동차의 대중화 시대가 열렸으니, 노스트라다무스가 살았던 시대는 아직 도로 위에 자동차가 존재하지도 않았던 때다. 진정 그의 눈에는 약 400년 후에 생산된 독일의 폭스바겐 비틀(딱정벌레)이 보였단 말인가.

노스트라다무스의 예언대로 세상의 도로는 자동차로 뒤덮였다. 자동차가 더 잘 달리기 위해서는 개선된 도로가 필요하고, 자동차 전용 도로의 건설도 당연한 수순이었다. 고속도로의 조건, 즉 ① 이동선 확보를 위한 자동차 전용 도로일 것, ② 출입이 제한될 것, ③ 왕복 통행이 분리일 것 등에 대한 합의가 이루어진 것도 불과 100년이 지나지 않은 일이다.

세계 최초의 고속도로는 독일의 아우토반으로 알려져 있다. 1932년 히틀러가 제2차 세계대전을 앞두고 군수물자의 수송을 원활히 하기 위해 건설한, 쾰른과 본 사이를 연결하는 자동차 전용 도로로, 흔히 '속도 무제한 도로'의 대명사로 일컬어진다.

그러나 아우토반의 원래 목적은 당시 몰아닥친 대공황을 타개하기 위한 정책으로, 고속도로 건설을 통해 일자리를 만들고 경제를 살리기 위한 것이었다. 이는 우리나라에서 경부고속도로를 건설한 이유와 유사하다. 어느 나라든 경제공황을 타개하기 위해서 대규모 토목공사를 벌이는데, 히틀러의 카리스마 넘치는 불황 타개책이 오늘날까지 이어지고 있는 셈이다.

최초의 아우토반이 완공된 지 6년 만에 독일 전역을 아우르는 3,000킬로미터의 고속도로망이 확장된다. 현재는 총 연장 1만 1,000킬로미터의 아우토반이 완성되었고, 벤츠, BMW 등의 독일 자동차들이 생산될 수 있는 굳건한 인프라로 자리 잡았다. 속도

무제한 도로답게, 대부분의 구간이 최저 속도와 권장 속도는 있지만 최고 속도에 대한 제한이 없다.

아우토반이 건설되던 동시대, 대한민국 자동차 도로의 역사는 일제강점기의 '신작로' 건설로 시작된다. 이후 정부 수립 후 박정희 정부의 경부고속도로 건설 이전까지 현재의 국도와 같은 신작로들이 국토의 모세혈관 역할을 담당했다. 그러나 정작 정동맥에 해당되는 고속도로가 전무했다. 당시 서울과 부산을 오가는 유일한 방법은 경부선 철도를 이용하는 것이었고, 이조차도 열두 시간이 꼬박 걸리는 머나먼 거리였다.

박정희 대통령의 대선공약으로 시작된 경부고속도로 건설은 낙후된 국가 경제를 위한 필연적 선택이었지만, 당시의 기술력과 자본력으로는 감당하기 어려운 난공사이기도 했다.

많은 논란 끝에 건국 이래 최대 규모의 토목공사가 시작됐고, 착공에서 완공까지 16년이 걸리던 공사를 2년 5개월 만에 마무리했다. 16개 건설업체와 3개 건설공병단군까지 동원되어 군사작전을 완수하듯, 초 단기간에 국토의 대동맥이 완성되었다. 1970년 7월 7일, 아시아에서 단일 노선으로는 가장 긴 고속도로라는 타이틀을 얻고 전 구간 개통까지 이루어냈다. 2,922킬로미터의 거리만큼이나 많은 사고와 사건을 남겼지만, 그 도로를 따라 물류가 흐르고 전국이 1일 생활권이 되었다.

과학

순간 속력의 세상

아주 짧게 변하는 가속도

✕
✕
✕

차가 없던 시대 혹은 대다수가 차를 이용하지 않았던 시절에는 순간순간의 속력을 알기도 어려웠고 구태여 알려고 하지 않았다. 두 장소 간의 거리 그리고 그 거리를 걸어가는 데 걸리는 시간만이 일상에서 중요했다.

물리학의 관점에서 보면, 이동거리와 평균 속력의 개념이다. 평균 속력은 어느 정도의 거리를 가는 데 어느 정도의 시간이 걸렸는지를 따지는 것이다. 물론 속력은 빠르기, 즉 같은 거리를 가더라도 얼마나 시간이 적게 걸리느냐에 따라서 더 빠른 것이다. 수식으로 표현하자면 평균 속력은 이동한 거리를 걸린 시간으로 나눈 것이다. 시간이 분모에 있기 때문에, 분자인 이동거리가 같다고 하더라도 분모인 시간이 작을수록 속력은 빨라진다. 마찬가지로 같은 시간이라고 하더라도 더 많은 거리를 이동했다면, 분모가 같아도 분자가 커져서 속력이 빠르다. 여기서 속력과 평균 속력을 섞어서 사용했는데, 그렇게 이야기해도 혼동되지 않기 때문이다.

그러나 직접 자동차를 운전하면 이야기는 달라진다. 계기판을 바라보거나 내비게이션에 나타난 속도를 본다면 혹은 과속 단속 카메라에 접근하면서 내비게이션에서 알려주는 안내음을 들으면 두 장소 사이를 주파하는 속력이 아니라 그 순간의 속력이 중요하다는 사실을 깨닫는다. 이를테면 자동차를 타고 단속 카메라 사정권을 지날 때를 상상해보자. 대개는 운행 속력을 제한 속도보다 낮춰야겠다고 생각할 것이다. 이때의 속력은 순간 속력에 해당한다.

그런데 이 순간 속력은 평균 속력과 어떻게 다른 걸까? 일상에서 우리는 순간마다 속력이 달라지는 순간 속력의 세상에 살고 있으며, 그러한 순간 속력의 평균을 평균 속력이라고 할 수 있다. 그리고 경험으로 구별하는 것처럼 물리적으로도 더 엄밀하게 구별할 수 있다. 언어적으로는 그 순간의 빠르기라고 순간 속력을 말할 수 있지만, 수학적 혹은 물리적으로는 아주 짧은 시간 동안 이동한 거리를 말한다.

아주 짧게 무엇이 변하는 것을, 수학적으로 미분이라고 한다. 아주 작은 것으로 나눈다는 의미다. 즉, 평균 속력은 유한한 시간 동안 움직인 거리라고 할 수 있고, 순간 속력은 순간 혹은 아주 짧은 시간 동안 움직인 거리로 표현할 수 있다. 둘 사이의 차이가 그렇게 중요하지 않을 수도 있지만, 미분은 변화를 기술하는 유일한 수학적 도구다. 아주 작게 변하더라도 계산해낼 수 있게 된 것은 미분이라는 수학적 발명 덕분이다.

조금 더 파고들어보자. 순간 속력에 대한 감각과 경험에 낯설지 않은 세상에서 우리는 살아간다. 현대인이 순간 속력을 고려하는 것은 속력이 순간마다 변하기 때문이다. 만약에 순간 속력이 변하지 않는다면, 순간 속력과 평균 속력은 아무런 차이가 없다. 변하지 않는 순간, 속력의 평균을 계산해도 평균 속력과 순간 속력은 구별할 필요가 없다. 같기 때문이다.

속력이 순간마다 변하는 경우에나 순간 속력의 의미가 살아나고, 속력이 순간마다 변한다는 의미가 새롭게 등장한다. 즉 얼마나 빨리 속력이 변하는가. 가령 정지 상태에서 시속 100킬로미터에 도달하는 데 걸리는 시간으로 차의 성능을 평가하는 지표가 된다.

제로백(0-100)이라 불리는 이 지표는 차의 초기 가속 성능을 평가하는 데 사용된다. 정상급의 빠른 차들은 채 3초가 걸리지 않는다고 한다. 여기서 가속이라는 말이 등장하는데, 가속은 가속도acceleration를 줄인 말로 속력의 증감과 무관하게 속도의 변화를 나타내는 용어다.

가속도는 대부분의 세상을 거의 완벽하게 기술하는 고전역학의 가장 핵심적인 개념이다. 뉴턴의 운동 제2법칙인(힘은 질량과 가속도의 곱이다)에 등장하며, 운동을 결정하는 물리량이다.

기술

자율주행차의 조건

미래는 쉽게 오지 않는다

✕
✕
✕

1700년대 증기기관 발명 및 잇다른 개량을 기점으로 자동차가 대량생산되기까지 200여 년의 시간이 필요했다. 1908년 포드사가 '모델 T' 시리즈를 대량생산하면서 자동차는 노동자, 서민에 이르기까지 삶의 모빌리티를 확장시키는 혁신을 이뤄냈다. 그로부터 200여 년이 지난 오늘날 가솔린 엔진 자동차는 미세먼지를 일으키는 환경오염의 주범으로 낙인이 찍히면서 다시 변신해야할 시점에 이르렀다.

자동차가 당면한 두 가지 핵심 문제가 있다. 바로 연료의 그린 에너지화 그리고 IT기술과의 융합이다. 연료의 그린 에너지화는 전기자동차, 수소차 등 내연기관의 변화를 의미하며, IT기술과의 융합은 무인 자동차 즉 자율주행 자동차를 의미한다.

자율주행이란 운전사 없이 자동차가 알아서 주변 환경을 인식하면서 운행하는 것을 뜻한다. 자율주행 자동차 산업에 뛰어든 기업으로는 BMW, 아우디, GM, 닛산 등 전통적인 자동차 제조사보다 테슬라, 구글 등이 앞서나가고 있다. 자동차를 만들어온 하드웨어 노하우를 갖춘 기업이 전통 제조사라면, 구글은 소프트웨어 및 IT기술의 창의성을 자동차에 구현하고 있다. 구글은 수십 대의 프로토타입 차로 자율주행 시험을 진행해 2016년 누적 자율주행 거리 200만 마일(약 322만 킬로미터) 돌파, 2018년 1000만 마일(약 1,609만 킬로미터) 돌파라는 기록을 남겼다. 구글은 2016년 자율주행차 부문을 구글 슬랙스라는 독립법인 자회사로 분사하고 2018년 미국 애리조나주 피닉스에서 스마트폰으로 호출하는 자율주행 택시서비스인 '웨이모원'을 선보이면서 자율주행 기반의 대중교통 서비스 상용화 시대를 열었다. 전통적인 제조사와 IT 및 소프트웨어의 강점으로 뛰어든 새로운 강자들의 경쟁으로 2030년 이전에 자율주행 자동차는 완성될 것으로 예상된다.

문제는 자동차의 완성이 아니라 교통 전체의 환경이다. 교통공학 전문가인 김창균 휴먼교통연구소장은 본인의 저서에서 도로에 차를 몰고 나오는 사람의 목적과 운전상태가 제각각이라고 지적했다. 여기에 5G 수준의 실시간 네트워크 안정화도 문제다. 자율주행 자동차가 현실화하기 위해서는 차량의 고속주행 과정에서도 다른 차량과의 거리 확인은 물론 교통관제센터, 도로전자장치들과 데이터를 빠르게 주고받을 수 있는 5G 이동통신 서비스가 필수이기 때문이다. 이같은 교통체계에 대한 세밀한 설계가 이루어지지 못하면 상용화가 어렵다는 게 그의 전망이다. 그래서일까, 테슬라가 2017년 목표로 제시했던 완전 자율주행차는 아직도 실현되지 못하고 있다. 다른 자동차 제조사들도 마찬가지 상황이다.

각 정부는 이에 도로의 교통기준을 정립하는 데 집중하고 있다. 특히 글로벌 표준 제정이 관건이다. 우리나라 국토교통부, 미국 도로교통안전국, 미국 자동차공학회 등은 제각기 자율주행 기술 수준을 구분하고 있다.

우리나라를 포함해 주요 선진국에서 완전자율기술을 실용화해나갈 것으로 전망된다. 한국은 2027년까지 전국 주요 도로에 자율주행(국토교통부 자율주행 분류 기준) 기반을 갖춰 세계 최초로 완전 자율주행을 상용화하겠다는 목표를 세우고 있다. 자율주행자동차는 분명 세상을 바꿔놓을 혁신 중 하나로 손꼽힌다. 한국의 네이버, 미국의 애플 및 아마존, 중국의 바이두, 일본의 소니 등 전자·정보기술 기업들도 자율주행 기술 개발에 박차를 가하고 있다. 이들은 자동차 제조사들과 영역을 뛰어넘는 기술융합 및 경쟁을 해나갈 것이다.

1년에 사람 100명을 잡아먹는 곰이 있다면 그 곰은 퇴치 대상 1호가 될 것이다. 그러나 우리나라만 해도 1년에 교통사고로 사망하는 사람이 2,551명(2023년 기준)인데도 차를 없애자는 목소리는 나오지 않는다. 자동차는 인류의 로망이었던 이동(모빌리티)의 욕망을 실현해주는 혁신이기 때문이다. 자율주행 자동차가 더욱 안전해져야 하는 이유가 아닐까.

2부

방향

어디를 향하고 있는가

5장

눈

과학

눈에 관한 생물학
우리는 우리 눈을 모른다

✕
✕
✕

밝기 정도만 구분할 수 있는 눈부터 색을 구별할 수 있는 고등동물의 눈까지, 동물들은 다양한 수준의 눈을 갖고 있다. 기본적으로 눈은 빛의 자극을 감지하는 기관이다. 고등동물은 두 개의 눈을 지니며 원근감까지도 뇌에서 인식할 수 있게 진화했다.

물체를 식별하거나 환경 변화를 파악할 수 있게 하는 눈의 감각, 즉 시각은 동물의 생존에 중요한 역할을 해왔다. 지구상에 존재하는 모든 동물의 약 96퍼센트가 복잡한 광학 시스템을 가지고 있다. 그중에서도 인간은 외부의 정보를 받아들이는 데 있어서 70퍼센트 정도를 시각에 의존하기 때문에 인류 역사를 통틀어 동서양을 막론하고 눈에 대한 중요성을 언급한 많은 말들이 전해진다. 현대에서도 눈은 중요하게 다뤄지는데 가령 상해보험의 경우, 양쪽 눈이 실명되었을 때 받는 보험금이 사망할 때 받는 보험금에 버금갈 정도다.

눈을 해부학적으로도 살펴보자. 눈은 공같이 둥근 모양을 하고 있어서 안구眼球라 불리기도 한다. 안구의 가장 바깥에는 각막이라 불리는 투명한 부분이 있는데, 뼈와 같은 결합조직의 주성분인 콜라겐을 담고 있어서 눈의 모양을 유지시켜준다.

각막의 투명도가 저하되면 빛이 안구 내부에 들어가기 힘들어지며 시력이 급격히 저하된다. 각막의 투명도는 잘 회복되지 않기 때문에 건강한 각막과 교환해야만 시력이 회복되는데, 이것이 바로 각막 이식이다. 각막을 통과한 빛은 수정체를 지나며 굴절되어 안구의 가장 안쪽 층인 망막에 초점으로 맺힌다. 수정체에는 근육이 붙어 있어서 근육의 수축과 이완으로 수정체의 곡률을 변화시키는데, 거리에 따라 들어오는 빛의 굴절을 조절하여 망막에 정확한 상이 맺히게 한다. 가까운 거리밖에 초점을 맞추지 못하는 것을 근시, 먼 거리밖에 초점을 맞출 수 없는 것을 원시, 망막에 맺히는 상이 왜곡되는 것을 난시라고 한다.

수정체가 투명도를 상실해가는 백내장은 빛이 수정체를 제대로 통과하지 못하게 되어 시야가 안개 낀 것처럼 뿌옇게 보이는 증상이다. 백내장은 수술로 어느 정도 치료가 가능하다. 주로 노화가 원인인 노인성 백내장이 많으며, 사람뿐만 아니라 6세 이상의 개에게도 자주 나타나는 질병이다.

개는 후각과 청각이 뛰어나고 감각이 예민한 편이라 눈이 잘 보이지 않더라도 집이나 산책로와 같이 익숙한 곳만 다닌다면 개에게 생긴 백내장을 잘 발견하지 못한다. 그렇기에 눈이 심하게 혼탁해지고 나서야 알아채고 병원에 가지만 이미 늦어서 개는 곧 실명에 이르곤 한다. 반려동물을 키우는 사람들이 주의해야 할 일이다.

카메라의 조리개 역할을 하는 홍채에는 동공이라는 구멍이 있는데 이 구멍의 크기를 변화시킴으로써 망막에 들어오는 빛의 양을 조절한다. 안구 가장 안쪽의 망막은 빛을 감지하는 세포와 신경세포가 모여 있다.

'소리 없는 실명'이라 불리는 녹내장은 주로 안압 상승으로 시신경이 서서히 만성적으로 손상되어 시야 결손이 생기는 질환이다. 녹내장은 전 세계적으로도 백내장 다음으로 많은 실명의 원인이며, 시신경은 복구가 거의 안 되기 때문에 조기에 발견하는 것이 중요하다. 한국과 일본에서는 안압이 정상인데 녹내장에 걸리는 '정상 안압 녹내장'이 전체 녹내장 환자의 70퍼센트 이상을 차지하므로, 안압을 재는 것만으로 발견하기는 힘들다. 40대 이상은 1년에 한 번 이상 안과에서 검진받을 필요가 있다.

많은 사람들이 스마트폰이나 PC를 업무에서 활용하면서 근거리를 보는 시간이 늘어나고 있다. 가까운 거리의 물체를 보기 위해서 수정체는 장시간 두껍게 유지되기 때문에 눈의 피로를 매우 높이게 된다. 이런 눈의 스트레스를 자주 풀어줘야 하는데 시간마다 멀리 보기를 하는 것이 좋다. 또한 스마트폰이나 PC를 보거나 책을 읽는 경우에 눈의 깜빡임이 현저히 줄어들어서 눈은 건조해지고 심한 경우 각막이 손상될 수 있으므로 역시 주의해야 한다.

보는 것과 이해하는 것
우리의 이성을 사용하라

✕
✕
✕

영어를 배울 때 우리는 '알았어'라는 말로 'I see'라는 표현을 배운다. 어려운 표현은 아니지만 직역해서 생각해보면 조금 낯설다. 'I see'는 문자 그대로 '나는 본다'라는 뜻이기 때문이다. 왜 '본다'라는 말이 '안다'라는 의미가 된 걸까?

확실히 서양의 전통에서 '안다'는 것 혹은 합리적으로 '이해한다'는 것은 시각과 동일시되어왔다. 물론 이것이 유독 서양 문화에만 국한된 것은 아니다. 우리가 일상에서 자주 쓰는 "백문百聞이 불여일견不如一見"이라는 말도 백번 듣는 것보다 한 번 보는 것이 낫다는 뜻이지 않은가. 그렇지만 서양 사상의 흐름 속에서 인식과 이해가 시각화하는 것으로 전환되는 경우는 비교적 더 강력하다. 대표적으로 수학의 핵심 개념인 함수는, 시간적으로 변화하거나 기계가 작동하거나 하는 것을 한눈에 보이도록 표시하는 방법이다.

이런 합리적인 이해와 인식을 간단히 '이성'이라고 말할 수 있다. 이것을 영어로는 'reason'이라고 한다. reason에는 '이유'라는 의미도 있는데, 이 역시 이성과 밀접하게 연관되어 있다. 이성은 어떤 생각의 이유를 따지는 능력이기 때문이다. 이에 대비되는 것이 '감정'일 것이다. 그런데 감정은 주로 청각과 결부되어 생각되었다. 이를테면 '심금心琴을 울린다'는 표현을 생각해보자. 이것은 감정의 움직임을 거문고琴로 표현한 것이다. 아리스토텔레스는 "음악이라는 예술이 인간의 감정을 모방하고, 감정에 큰 영향을 미친다"고 말했다. UC 버클리 연구자들은 음악은 인간에게 13가지의 감정을 일으킨다는 연구를 제시하기도 했다.

그런데, 감정만큼이나 이성도 복잡하다. 이성은 논리적인 사고력이나 계산 능력만을 의미하는 것은 아니다. 그것은 그 이상의 것을 의미하며, 대체로 감정과 대비되는 논리정연하면서도 객관적인 인식능력을 말한다. 하지만 상당히 포괄적인 개념이다. 특히 철학자들은 이성의 개념을 다양하게 다루었다.

청각과 감정의 연관성은 구조적 동일성에서도 짐작할 수 있다. 기쁨과 슬픔, 혹은 사랑과 증오라는 서로 다른 감정은 한순간에 같이 느낄 수 없고 시간이 흐름에 따라 감정이 변하는데 이것은 감정의 흐름과 같은 구조이다. 그래서인지 영화에서 감정을 이끌어내는 가장 중요한 수단이 배경음악이기도 하다. 이에 반해 시각적 그림에서는 여러 대상들을 공간적으로 펼쳐서 한순간에 같이 드러내는데 이것은 우리가 뭔가를 이성적으로 이해할 때 항상 시도하는 방식이다.

먼저 이성의 중요한 부분은 수학적 계산능력과 거의 같은 것으로 볼 수 있는 논리적인 사고력이다. 이것은 하나의 생각과 다른 생각의 관계를 따지는 능력이라 볼 수 있다. 그런데 이성에는 하나의 생각 그 자체가 옳은지 그른지를 파악하는 능력도 포함시킨다. 예를 들어서 수학에서 "두 점을 잇는 직선은 오직 하나다"나 "올바른 법은 공정해야 한다"와 같은 공리들이 옳다는 것을 받아들이는 것도 이성이라고 생각했다.

칸트가 명확하게 구분한 인식 이성과 실천 이성의 차이도 널리 받아들여지고 있다. 실천 이성은 "사람을 죽이는 것은 나쁘다" "약속은 지켜야 한다"와 같은 도덕과 관련된 생각이 옳다는 것을 인식하는 능력이다. 만약 논리적으로만 따지는 기계에게 이런 도덕적 내용들이 왜 옳은지를 설명해야 한다면 생각보다 난감해질 것이다. 실제로 2016년에 마이크로소프트가 개발한 인공지능 '테이'가 욕설과 혐오 발언을 먼저 배운 것을 보면 알 수 있다. 기계에게는 이런 구분 능력이 없지만 사람에게는 있으며, 이것이 '실천 이성'으로서 이성의 중요한 부분이라는 것이 철학자들의 생각이다.

이성은 객관적 이성과 주관적 이성으로 구분되기도 했다. 객관적 이성은 세상의 원리를 말한다고 할 수 있는데 서양에서는 '로고스'라는 용어로 불렀다. 주관적 이성은 객관적 이성에 접근하는 마음의 능력을 가리키는데, 한때 오성悟性이라는 용어로 표현하는 경우가 있었다. 이 말은 일본학자가 일본어 감각에 맞게 번안한 말인데, 이것을 무비판적으로 수용한 한국의 일부 철학자들이 여전히 쓰고 있다. 요즘은 '지성知性'이라는 용어로 보다 한국어답게 바꾸고 있는 추세에 있다. 이성을 이해할 때도, 타성에 젖지 말고 이성적으로 이해해야 하는 것이다.

원근법과 시선의 한계
모나리자의 비하인드 스토리

✕
✕
✕

중세는 신의 세계였다. 신은 시간과 공간을 초월해 어디에나 있었으므로 그림 속의 세계에서도 인간의 시점이나 현세적인 공간 개념은 의미가 없었다. 신의 절대적인 시선만이 의미가 있었다. 그런데 14세기의 천재 화가 마사치오는 달랐다. 피렌체의 산타 마리아 노벨라 교회의 측랑 안벽에 프레스코화 〈성 삼위일체〉를 그리며 인간의 시선을 표현한 것이다. 두루뭉술하게 표현되던 평면의 세계가 아닌, 마치 현실의 공간처럼 점, 선, 면이 하나의 화폭에 담겨진 3차원의 세계를 그렸다. 마사치오의 그림을 처음 본 피렌체 사람들의 놀라움은 이루 말할 수 없을 정도였다. 실제로 그림 속으로 걸어 들어가려 한 사람도 있었다고 전한다.

〈성 삼위일체〉가 완성된 시기는 1427년경이다. 회화에 있어서는 마사치오가 원근법을 적용한 첫 번째 화가로 기록되고 있지만, 이즈음 건축이나 수학에 있어서는 이미 원근법에 대한 연구가 무르익고 있었다. 작품이나 기록이 남지 않아 확인할 수는 없지만, 1410년경 최초로 원근법을 사용한 사람은 피렌체의 건축가 브루넬레스키라고 인정된다. 브루넬레스키와 동시대인이면서 그의 전기를 쓴 수학자이자 건축가인 안토니오 마네티가 원근법으로 그린 그림을 여러 번 보고 직접 만지기도 했다는 일화를 기록한 것이 근거가 된다. 누가 최초였건 원근법은 시작되었고, 이 순간부터 예술은 새로운 국면을 맞았다.

캔버스는 수학적 계산이 필요한 기하학적인 공간으로 변했고, 화가들은 시각적 현실감을 구현하는 것을 화두로 삼았다. 알베르티는 저서인 《회화론》에서 원근법을 체계화시켰고, 레오나르도 다빈치와 알브레히트 뒤러는 선형 원근법의 인체공학적인 오류 두 가지를 인식하고 이를 극복하기 위해 여러 가지 시도를 했다.

그들이 발견한 오류 중 하나는, 사물을 보는 인간의 안구는 둥근 구조인데 비해 그림은 평면이기 때문에 그림의 가장자리가 넓게 퍼지는 왜곡이 일어난다는 것. 다른 하나는, 인간의 눈은 두 개이기 때문에 소실점에 대응하는 시점이 정확히 한 점에서 출발하기란 불가능하다는 것이었다.

레오나르도 다빈치가 제시한 해결 방법은, 멀리 있는 사물을 표현할 때 빛과 그림자의 경계를 부드럽게 섞어서 대기 속에 녹여버리는 것이었다. 일명 '대기 원근법'으로, 가까이 있는 사물은 또렷하고 색도 선명하지만, 멀리 있는 사물은 색과 윤곽이 희미해지는 것을 화폭에 표현한 것이다. 대표적인 작품으로 〈모나리자〉를 들 수 있다. 이로써 정확한 기하학적 비례로 넘을 수 없었던 2차원 화면과 인간 안구의 구조적 한계를 극복하려 했던 것이다.

화가에게 원근법은 어찌 보면 편한 선택은 아니었다. 오히려 중세처럼 전지전능한 신의 시점에 빙의되어 사방이 다 선명하게 보이도록 그리는 것이 편할 수도 있었을 것이다. 그러나 그들은 편한 선택을 끝내고 인간인 자신의 시선으로 세계를 구현하고자 부단한 노력을 다했다. 이러한 발견과 노력이 철학자나 과학자가 아닌 예술가들로부터 출발했다는 데서 우리는 15세기 르네상스 예술의 위대함을 찾을 수 있다. 이제 인간은 자기 자신, 즉 자아 외의 외부의 사물은 모두 객체로 파악한다. 내가 어느 시점에서 사물을 바라보느냐에 따라 사물은 모습을 달리하므로, 내가 보는 시점에 따라 멀리 있는 사물과 가까이 있는 사물, 강조하고 싶은 사물과 지우고 싶은 사물 등 화폭 속의 세계가 편집되는 것이다. 화가인 내가 재창조한 세계인 것이다.

원근법은 화가만 자아를 인식하게 만든 것이 아니었다. 관람자 역시 자신이 서 있는 위치에서 연장된 화폭 속 공간을 들여다 보며, 자신이 살고 있던 주변의 세상과 자신의 시점을 새로이 의식하게 되었다. 내가 그림을 보는 위치가 중요하다는 사실은 자신이 주체가 된 세계를 경험한다는 의미였고, 이는 세상에 대한 새로운 인식의 출발이었다. 신이 아닌, 인간 중심의 레이아웃이 인식을 지배하게 된 것이다.

과학

시각 너머의 렌즈
어디까지 볼 것인가

✕
✕
✕

렌즈는 빛을 모으거나 분산시킴으로써 상을 확대하거나 축소할 수 있는 도구다. 렌즈를 이용하는 망원경과 현미경은 시력 너머의 세상을 볼 수 있게 하는 대표적인 광학기기다.

인간의 눈 역시 일종의 광학기기로서, 수정체가 렌즈의 역할을 한다. 사물에서 나온 빛이 수정체를 통해 모이며 축소된 사물의 상이 망막에 맺히는 원리다. 망막에는 두 종류의 시각 신경세포가 퍼져 있다. 적은 양의 빛에도 민감해서 어두운 곳에서도 물체를 식별할 수 있는 간상세포와 빛이 충분한 경우에 색상을 식별할 수 있는 원추세포라는 두 종류의 시각 신경세포가 퍼져 있다.

동물은 망막에서 발생한 전기신호가 뇌로 전달되고 해석되는 생리적 과정과 인지 과정을 갖고 있다. 동공의 크기를 변화시켜서 빛의 양을 조절하는 홍채와 수정체라는 렌즈, 수정체의 두께를 조절하여 거리에 따라서 초점을 또렷하게 맺히게 하는 근육질의 모양체, 그리고 빛을 기록하는 망막까지, 눈과 카메라는 거의 같은 구조다.

　시각은 인간에게 가장 많은 정보를 제공하는 감각기관이기 때문에 시각을 확장하는 광학기기의 발달은 곧바로 과학과 문명의 발달로 이어졌다. 안경은 육체의 시력을 보완했으며 16세기 말에 네덜란드에서 안경을 제작하던 얀센 부자에 의해 현미경이 발명되면서 그때까지 볼 수 없었던 미생물들을 볼 수 있게 되었다. 이로써 전염병을 이해하게 되고 생물이 세포로 구성되었다는 사실을 알 수 있게 되었다. 더 작은 단위로 다양한 물질들을 살필 수 있게 됨으로써 인간의 삶과 문명은 획기적으로 변했다. 물질을 원자 단위까지 관측할 수 있게 되면서 나노(10^{-9} 미터=10억 분의 1미터) 공학을 통한 신소재의 개발에까지 이르고 있다.

　망원경 역시 현미경과 비슷한 시기인 17세기 초에 네덜란드인 안경 제작자 리퍼세이에 의해 개발되었다. 멀리 떨어진 물체를 자세히 볼 수 있게 만든 망원경은 해상에서는 항해의 필수품이 되었고 지상에서는 전황을 살피는 전술기기 등으로 다양하게 활용되었다. 그러나 무엇보다도 망원경이 발명된 다음 해인 1609년에 갈릴레오가 당대의 최고 수준의 망원경을 제작하여 최초로 하늘을 관측한 것이 가장 괄목할 천문학적 사건일 것이다. 갈릴레오는 목성의 위성을 발견함으로써 모든 천체가 지구를 중심으로 운동하지 않다는 것을 관찰한 최초의 인간이 되었으며, 태양에서 흑점을 발견하고 달의 표면이 울퉁불퉁하다는 것을 발견하면서 하늘의 세계가 완전하다는 아리스토텔레스의 세계관을 넘어 코페르니쿠스의 지동설을 확신케 하며 과학혁명의 징검다리가 되었다. 지구 주위를 돌며 우주를 관측하는 허블 우주 망원경은 130억 광년 너머의 우주, 즉 초기의 우주 모습도 직접 관찰할 수 있는 수준이며, 2021년 12월 25일에 발사된 제임스 웹 우주 망원경은 허블 우주 망원경조차 관측하기 어려울 정도로 멀고 어두운 천체들을 관측하며 고화질의 이미지를 인간에게 전송하고 있다.

이렇게 시각의 한계를 확장하는 광학기기는 하나 혹은 여러 개의 렌즈로 구성되어 있다. 가운데가 볼록한 볼록렌즈와 가운데가 오목한 오목렌즈들을 적절히 배열하여, 기본적으로 빛의 진행 방향을 조절하는 장치다.

빛은 통과하는 물질이 변할 때 속력이 변하면서 진행 방향이 꺾이는 굴절 현상이 일어나는데, 가장 빠른 진공에서의 굴절률을 1이라 하고 빛의 속력이 느려지는 비율에 따라서 물질의 굴절률로 정한다. 즉 렌즈로 많이 사용하는 유리의 굴절률은 약 1.5이고 흔한 물의 굴절률은 약 1.3이며 비싼 다이아몬드의 굴절률은 약 2.4이므로, 빛은 각각의 물질을 지날 때 진공에 비하여 각각의 굴절률만큼 속력이 느려지고 굴절률이 클수록 진행 방향은 더 많이 꺾인다. 또한 빛의 진행 방향은 매질의 달라지는 경계면의 곡률에 따라서 달라지므로, 렌즈의 모양을 적절히 가공함으로써 빛의 진행 방향을 조절할 수 있고 용도에 맞도록 광학기기를 제작할 수 있게 된다.

렌즈는 굴절률과 모양을 변화시킴으로써, 일상생활을 돕는 안경과 이미지를 기록하는 카메라, 거시세계를 확장하는 망원경과 미시세계를 탐구하는 현미경에 이르기까지 인간의 영역을 넓혀왔다.

6장

방향

내비게이터의 탄생
GPS의 기본 상식

✕
✕
✕

개인이 원거리 이동을 자유롭게 하게 된 시작은 언제였을까. 1908년 미국의 헨리 포드가 '포드 모델 T'를 양산하기 시작한 것이 신호탄이었다. 자동차는 인간에게 이동의 자유와 삶의 영역 확장이라는 뜻밖의 선물을 주었다. 또 포뮬러원과 같은 자동차 경주 대회로 속도의 욕망을 해소해주면서 더불어 레저문화의 혁신을 가져다주기도 했다.

자동차 대중화를 확산시킨 기술 중 하나로 내비게이터를 빼놓을 수 없다. 초행길 운전의 불안과 조바심을 더 이상 갖지 않게 해준 매우 귀중한 기술이다.

GPSGlobal Position System(범지구위성항법시스템)를 기반으로 길을 안내해주는 장비인 내비게이터는 1960년대 미국 국방부의 군사 기술 중 하나였다. 1957년 미국과 소련 간 우주개발 경쟁으로 인공위성 기술이 급속하게 발전하면서 항법장치에도 혁신이 시작됐다. 이전까지 사용하던 인공위성을 이용한 전파항법은 2차원의 위치결정만 가능했다. 이 시스템의 한계를 극복하기 위해 1960년대 미국의 공군과 해군은 NAVSTAR GPS 프로젝트를 시작했다.

프로젝트는 3차원의 위치와 고도를 확인할 수 있는 기술을 개발해 1995년 가동에 들어갔다. 열두 시간 주기로 된 24개(3개는 보조위성)의 인공위성이 고도 약 2만 킬로미터의 원 궤도를 돌며 전파를 송신할 수 있게 되었다.

GPS는 위성, 지상국, 사용자 등 세 부분으로 구성되어 있다. GPS로 언제 어디서나 인원수에 제한이 없이 사용자가 전파를 수신해 자신의 3차원 위치와 시간을 정확하게 계산할 수 있게 되었다.

내비게이터는 어떻게 위치를 파악할까. 인공위성과 수신기의 거리를 계산해 좌표값을 구해 위치를 알아낸다. 방향을 따지지 않는 GPS 위성은 하나만으로 정확한 위치를 알기 어렵다. 세 개의 인공위성이 위치를 파악하는 삼각측량법을 적용하면서 문제는 해결되었다. 거리 계산은 GPS위성의 신호 발생 시점과 수신 시점의 시간 차이(의사거리)에 빛의 속도(시속 30만 킬로미터)를 곱하면 나온다.

GPS의 응용 분야는 지상 운송(차량 관리, 화물트럭 관제 등), 해상 운송(수로 안내, 선박 항해, 운하운송), 항공 운송(항공기 운항, 항공기 관제, 정밀 착륙), 군사(군용기 항법, 정밀 폭격, 정찰), 우주(LEO 위성, 원격 제어 위성), 응급 구조(순찰차, 구급차, 정찰 수색, 삼림 관리), 과학(기상 ,해류, 지각운동 연구 등), 자원 관리(지하 자원, 토지, 농업 자원, 어업 자원 관리), 탐사(지질, 츄전, 유적유물 탐사), 시각측정(기준시각 동기, 통신시스템 시각관리), 레저(등산 요트 항해) 등 다양하다.

한국에서는 미국의 GPS를 이용하다 보니 '내비게이터=GPS'로 통하지만, GPS 외에도 위성항법시스템에는 러시아의 글로나스, 유럽연합의 갈릴레오, 중국의 베이더우 등이 있다. 한국도 2035년 KPS를 완성할 계획을 세웠다.

위성을 기반으로 한 항법 시스템은 무선 통신 기술과 연결되어 소형 장치로 개발되기 시작했다. 대표적인 것이 차량용 내비게이터다. 1981년 일본의 혼다 자동차가 개발한 일렉트로 자이로게이터는 요즈음 사용하는 차량용 내비게이터의 시초라고 할 수 있다. 그러나 오차가 커 대중화에는 실패했다. 이후 1985년 미 자동차 용품업체 이택이 전자 나침반과 바퀴에 설치한 센서를 이용한 전자 지도 이택 내비게이터 등을 개발하면서 기술은 꾸준하게 발전되었다.

1984년 조건부로 민간에 GPS 일부를 개방한 미 국방부는 2000년 GPS를 전면 개방하면서 내비게이션 시장에 대중화의 길이 열렸다. 1983년 대한항공 비행기가 GPS의 잘못된 항로 계산으로 소련영공을 침범했다가 격추되어 탑승자 269명 전원이 사망하는 비극적 사고로 미국은 민간 개방을 고려하게 된 것이다.

구글 등 포털 업체와 이동통신사들이 내비게이터 시장에 뛰어들기 시작했다. 스마트폰과 연결되어 편리성이 더해지고, 이동통신사의 기지국과 연계해 건물 지하의 위치까지 잡아내고 있다. 애플리케이션만 내려받으면 누구든 이용할 수 있는 일상의 기술로 자리 잡게 되었다.

구글 어스에서 지구를 보다

우리는 지금 어디에 있는가

✕
✕
✕

2017년 국내에 개봉된 영화 〈라이언〉은 주인공이 다섯 살 무렵 고향 인도에서 길을 잃고 호주로 입양되어 25년 만에 잃어버린 집을 찾아내는 과정을 그리고 있는, 실화 바탕의 영화다. 여기서 주인공은 25년 만에 어린 시절의 기억을 더듬어 마침내 인도의 집을 찾아낸다. 어떻게 이런 일이 가능했을까, 바로 구글 어스 덕분이다.

구글 어스는 검색사이트 구글이 제공하는 다양한 서비스 중 하나로 위성 이미지, 지도, 지형 및 3D 건물 정보 등 전 세계의 지역 정보를 제공하는 위성영상지도 서비스다. 2006년 6월부터 서비스 시작 이래 현재 한국어를 포함하여 41개 이상의 언어로 제공된다. 전 세계에 퍼져 있는 구글 지도와 인공위성에 달린 카메라를 기반으로 세계 어느 곳이든 한눈에 볼 수 있는 위성지도 프로그램이다.

우리는 구글 어스를 통해 가보지 못한 곳을 간접적으로 여행하거나 이미 다녀온 곳을 언제든지 찾아볼 수 있다. 구글 어스의 스트리트뷰로는 길거리와 3D 건물들도 볼 수 있다. 또한 여행자 기능을 활용하면 특정 주제를 정해 이와 관련된 지역을 보여준다. 박물관, 북극 등 자신의 관심 주제를 중심으로 세계 여러 장소를 돌아볼 수 있다. 여행을 갈 수 없는 상황에서 360도 파노라마 스트리트뷰를 통해 잠시 간접 경험도 가능하다. 또한 특정 지역의 과거 사진을 볼 수 있는 기능도 제공한다. 우리가 태어나기 이전, 우리가 전혀 몰랐던 해당 지역의 사진을 볼 수 있다. 타임머신을 타고 과거로 여행하는 느낌을 준다. 과거와 현재 기후 온난화로 인한 남극의 크기 비교 등도 가능하다.

물론 구글 어스에서 전 세계 모든 지역의 지도 정보가 제공되지는 않는다. 대부분 지정된 지역에 대해서만 볼 수 있으며, 그것도 실시간으로 제공되지 않는다. 구글 어스에서 제공하는 정보들은 국가의 보안이나 과학기술 문제로 인해 때로는 외교적 문제가 되기도 한다. 위성사진으로 군사시설이 그대로 보여지는 경우나, 보안이 취약한 정부기관의 모습이 노출되는 경우가 그 예에 해당한다. 특히 파키스탄이나 중국 등 영토분쟁이 있는 국가의 경우는 구글에 항의하는 사례도 있다. 군사적 보안 이외에도 일부 중동국가의 왕족은 자신들의 호화스러운 생활이 그대로 드러나 여론이 악용되기도 하여 구글 어스 서비스를 차단하기도 했다.

이와 같은 영상지도를 구글 어스만 제공하는 것은 아니다. 많은 기업들이 유사한 서비스 제공에 투자하고 있다. 기업들이 전 세계를 대상으로 하는 영상지도 구축에 투자하는 이유는 무엇일까? 영상지도는 '정보의 공간화'로, 그 자체로 막대한 부가가치를 지닌다. 대부분의 인터넷 정보들은 문자를 기반으로 정리되어 있다. 이런 경우 검색 빈도, 다른 웹사이트와의 연결 빈도 등이 해당 정보의 중요성을 가늠하는 척도가 된다. 그런데 구글 어스는 전혀 다르다. 정보의 중요도가 철저히 실제 지리 정보에 근거하게 된다.

이를테면, 구글 어스에서 찾은 지역을 보면 수많은 점들이 보이고, 그 점들은 사람들이 실제로 찍어서 공유한 사진들로 그 점을 클릭하면 실사를 볼 수 있다. 소비자가 특정 가게를 검색하면 나로부터 가까운 가게를 보여주며, 내가 알고 싶은 정보에 대한 지리정보와 인근의 유사한 가게와 같은 유용한 정보가 함께 통합된 지도 형태로 보여주게 된다. 소비자 입장에서는 해당 지역의 소비자 반응 등 오직 내가 관심 있는 장소의 정보만 받을 수 있어 편리하고, 정보제공자 입장에서는 비용과 시간을 절약하면서도 소비자에 맞춤형 정보를 제공할 수 있다.

구슬 어스로 상징되는 영상지도의 제공은 플랫폼으로서 다량의 정보제공에서 쓸모 있고 적절한 정보를 제공하는 새로운 패러다임으로서 귀추가 주목된다.

철학

철학은 인생 내비게이터
인생의 방향을 잃었다면

❌
❌
❌

한 현자가 강가에서 명상을 하고 있었는데 강 건너편에서 다른 수행자가 강물 위를 가로질러 와 조용히 명상 중인 현자에게 다가갔다. 그는 오랜 수행 끝에 얻은 자신의 초능력을 그 현자에게 과시하고 싶어서 물었다.

"지금 제가 뭘 했는지 보셨나요?"
"대단하시군요. 강물 위로 걸어오는 걸 봤습니다. 어디에서 그걸 배우셨지요?"
"히말라야 산자락에서 12년 동안 요가와 고행을 했답니다. 한쪽 다리로 선 채 일주일에 엿새를 굶으면서 노력한 결과죠."
그는 어깨를 으쓱이며 자랑스레 말했다.

"그게 정말인가요?"

명상하던 현자가 강 위를 가로질러 온 그를 놀라 쳐다보며 말했다.

"저런, 그렇게 고생하시다니! 단 2루피(60원)만 주면 언제나 뱃사공이 나룻배를 태워주는데요?"

끝이 보이지 않는 넓은 바다를 건너는 항해만큼이나 막막한 것이 인생이다. 바다를 건넌다는 것은 선택하지 않을 수 있지만 삶을 산다는 것은 피할 수 없는 필연이다. 삶의 바다를 건널 때 나침반이 되는 것이 '철학'일 것이다.

널리 알려진 이 우화의 교훈은 무엇일까? 신비한 능력을 얻기 위해 삶을 낭비하지 말라는 이야기로 들릴 수도 있다. 하지만 그 '신비한 능력'의 자리에 예술을 넣어보면 결론이 달라질 수도 있다. 빈센트 반 고흐는 불운과 실패로 가득 찬 삶을 살면서 자살을 시도하다가 그 후유증으로 서른일곱의 나이에 죽었다. 하지만 그는 불멸의 예술작품들을 남겼다. 그런 고흐에게 "단돈 만 원만 주면 멋진 그림을 복사해서 벽에 걸 수 있는데 그렇게 고생하셨나요?"라고 물을 수는 없다.

결국 필요한 것은 삶에 대한 비판적 반성이다. 자신이 무엇을 하며 그것이 어떤 의미를 가질 수 있는지를 생각하는 것이다. 이것이 철학의 본질이다. 서울대 철학과 홈페이지에서는 철학을 '당연하고 자명한 것으로 믿고 있는 전제들을 비판적으로 검토함으로써 우리의 삶에 대한 근본적 반성을 추구합니다'라고 말하고 있는데, 세계적으로 널리 읽히는 철학책에서 설명하는 철학도 이와 같다.

'당연하고 자명한 것으로 믿고 있는 전제들을 비판적으로 검토'하는 것이 삶을 반성하는 철학적 방법이다. 우화에서는 '남들보다 우월한 초능력은 매우 가치가 크다'라는 생각이 당연하게 믿은 전제이다. 우화는 이것을 지적한다.

하지만 철학에서는 '비판적 반성' 즉 '다시 생각해보기'가 필요하다고 말하는 것이지 어느 것이 옳고 어느 것이 그르다고 잘라 말하지 않는다. 철학 전공자들의 중요 고전인 플라톤의 대화록 속에서 소크라테스의 말을 읽으면 이 점에서 불만이 쉽게 나온다. 이것저것 따지다가 최종적인 결론이 없는 것이다. 하지만 철학의 본질을 정확히 이해한다면 이런 불만이 사그라들지 모른다. '잘 생각해보라.' 이것이 철학의 핵심이다. 결론은 각자가 내린다. 삶의 주인공은 자기 자신이니까 말이다.

그렇기 때문에 '나는 생각한다, 고로 나는 존재한다'라는 데카르트의 말이나, '개념 없는 직관은 맹목이고 직관 없는 개념은 공허하다'라는 칸트의 말을 외우는 것은 철학이 아니다. 그런 말이 나온 전후 맥락을 알고 그들과 같은 방식으로 자기 생각을 비판적으로 검토하는 것이 철학이다. 철학은 암기 과목이 아닌 것이다.

하지만 사람들은 이런 철학의 정신을 쉽게 받아들이지 못한다. 우리는 철학자의 생각을 읽으면서 그 사람처럼 생각하기보다는 그 사람의 생각을 기억하고 그것을 지식으로 삼는다. 우리나라 교육이 암기식의 주입 교육에 집중하기 때문일까? 하지만 한국 사람만이 그런 것이 결코 아니다. 전 세계의 대부분의 독자들이 그러하다. 생각하는 것, 스스로 답을 찾는 것이 근본적으로 힘들기 때문이다. 그것은 훌륭한 삶을 사는 것이 힘든 것과 같다. 잘 생각해야 조금이라도 더 나은 삶을 살 수 있을 테니까.

7장

좌우

과학

꽃에서 발견한 좌우 대칭
자연 속의 기하학

✕
✕
✕

군이 거울을 보지 않아도 인간의 몸이 좌우 대칭적이라는 것은
누구나 인지하고 있다. 좌우 대칭의 모습은 여러 생명체에서도
흔하게 볼 수 있다. 3장의 꽃잎을 가진 클로버와 붓꽃, 아이리스,
5장의 꽃잎을 가진 무궁화, 나팔꽃, 장미가 각각 3분의 1회전과 5
분의 1회전을 해도 형태가 비슷해지는 대칭성을 갖고 있지만, 이
꽃잎들 역시 대개의 나뭇잎과 마찬가지로 좌우 대칭성을 지닌다.

사람은 왼쪽으로 치우쳐진 심장을 하나만 갖고 있지만, 외양
은 좌우 대칭적이다. 대부분의 고등 동물들도 그러하다. 아마도
생명체는 제한된 몸의 크기 안에서 여러 기관이 생명 활동에 최
적화되도록 진화하면서, 외양과 달리 내부는 대칭성을 고집하지
않게 된 것이 아닌가 싶다.

생명체뿐 아니라 오랜 시간에 걸쳐서 형성된 물체들은 보다 대칭적인 모양을 띠는 경향을 보인다. 암석에서 갈라져 나온 지 얼마 안 되는 돌의 모양은 제각각이고 대칭성이 없지만 오랜 시간 풍파를 거친 돌들은 해안가 조약돌처럼 동그랗고 더 대칭적이다. 우리가 사는 지구를 포함한 천체들 역시 가장 대칭이 큰 구와 비슷한 형태다.

눈으로 보는 세상보다 더 작은 세상에서도 아메바와 같이 수시로 모양이 변하는 생명체 외에 대부분의 미생물들은 좌우 대칭적이다. 생명체의 경계에 있는 바이러스 역시 기하학적으로 꽤 대칭적인 모습이 많다.

분자와 같이 아주 작은 세계로 진입하면 헤아릴 수 없이 많은 분자가 제각각의 형태를 갖고 있지만, 어떤 분자들은 서로 거울에 비춘 것처럼 대칭적이다. 두 분자를 구성하는 원자들의 구성이 같지만 공간에서 어떻게 회전시켜도 같아지지 않고 거울 대칭을 해야만 같아지는 이성질체를 광학 이성질체라고 한다. 이것은 광학 이성질체를 통과하는 빛의 편광이 달라지기 때문에 붙인 명칭인데, 자연적으로 발생하는 아미노산이나 당류를 비롯하여 생물에서 사용되는 많은 분자들은 광학 이성질체 중 하나를 선택하고 있다.

왼손과 오른손은 아무리 회전시켜도 똑같이 같아지지 않고 거울에 비추어야 똑같이 겹쳐지기 때문에, 두 광학 이성질체를 왼손 형인 L형과 오른손 형인 D형으로 구분하여 부르곤 한다. 대부분의 아미노산은 L형이며, 당류는 D형이다. 광학적으로 다른 광학 이성질체는 우리 몸에서 약이 되기도 하고 독이 되기도 하므로 의약품을 만들 때 주의해야 한다.

앞에서 우리 몸의 외양과 나뭇잎, 꽃잎에 대하여 좌우 대칭적이라는 표현을 썼지만, 사실 거울상 대칭이라고 표현하는 것이 더 적합하다. 평면상으로 좌우 대칭적으로 보이는 잎들은 회전을 통해서 혹은 거울 대칭으로 같은 모양이 되도록 할 수 있지만, 왼손 오른손과 같이 입체적 구조를 갖는 좌우 대칭적인 물체는 회전으로 같은 모양이 될 수 없다. 대신 우리 몸 중심 가까이에 있는 눈에 대해서 거울 대칭을 해야만 같아질 수 있다. 비록 우리 몸이 분자에 따라서 왼쪽이나 오른쪽을 선택하며 진화했지만, 자연은 근본적으로 왼쪽이나 오른쪽을 구별하지 않고 있는 것처럼 믿어왔다.

좌우를 바꾸는 거울상 대칭과 유사한 대칭으로, 물리학에서 말하는 반전성 대칭이 있다. 일상과 거시적 세상을 지배하는 뉴턴의 운동법칙과 중력, 전자기력에 있어서 반전성 대칭이 기대되었고 확인되었다. 원자의 세계 안쪽 깊숙한 곳에서 원자핵을 유지할 수 있게 하는 강한 상호작용에 대해서도 이러한 믿음은 잘 확인되었다. 아주 약한 힘인 약한 상호작용에 대해서도 당연히 반전성이 기대되었으나, 1960년대 중반의 실험에서 이 믿음이 깨지고 물리학자들은 큰 충격을 받았다.

약한 상호작용에서는 공간의 반전성만이 아니라 시간의 반전성(과거와 미래가 구별되는 것) 역시 깨졌다. 자연은 모든 면에서 완전하게 반전성을 갖는 것처럼 여겨졌으나, 가장 깊숙한 곳에서 공간과 시간의 반전성이 약하게나마 깨지는 것이다. 그러나 이러한 약한 상호작용의 반전성 깨짐이 보다 거시적인 세상과 일상에서 곧바로 나타나지는 않는다. 왼쪽과 오른쪽의 대칭성은 자연의 거의 모든 영역에서 여전히 유효하다.

정치적 좌우의 구분
자신이 지향하는 가치를 보라

✕
✕
✕

"당신은 진보인가요 보수인가요?" 많이 듣는 질문이다. 정치적 성향을 얘기하는 이 구분으로 우리 사회가 이분화 된다고 걱정하는 반응이 있는 반면, 개인적으로 자신의 정치적 성향을 지향하는 것은 자연스러운 것이라는 긍정적 반응도 있다. 그런데 좌파와 우파 혹은 진보와 보수에 대해 우리는 얼마나 알고 있을까?

진보와 보수라는 개념은 좌파가 없는 미국에서, 그것도 우파에서 만든 개념이다. 우리나라에서는 진보를 좌파로, 보수를 우파로 혼용해서 사용하고 있다. 좌파(진보)와 우파(보수)는 모두 개인의 행복추구라는 공동의 목표를 제외하고는 많은 차이가 있다.

역사적으로 프랑스 대혁명 시절 구체제를 유지하면서 점진적인 개혁을 주장하던 사람들을 지롱파라고 한다. 이들은 당시 잘

사는 귀족이나 부자들을 대변했던 이들이 대혁명 당시 국민회의에서 오른쪽 의석에 앉았다는 사실에 기반해 우파 혹은 우익으로 불려졌다. 그와 반대로 점진적인 변화보다는 급진적인 개혁을 주장했던 세력 자코뱅파는 가난하고 힘없는 노동자와 서민을 대표했으며, 이들이 국민회의에서 왼쪽 의석에 앉게 되어 좌파 혹은 좌익으로 불리게 되었다.

우파(보수)는 자유로운 경쟁을 중요한 가치로 삼는다. 개인 혹은 집단 간의 경쟁을 통해 발전을 도모하는 것을 기본 전제로 삼는다. 경쟁에서 살아남은 사람에게 유리한 정책을 제공하는 경제 체제를 유지하며, 경쟁에서 살아남기 위해서는 효율성과 효과성을 제고할 수 있는 다양한 노력을 강조한다. 과거 정부가 시장에 과도하게 개입하여 역효과를 본 점을 강조하면서 정부의 간섭을 줄이고 시장의 자율성을 중시한다. 시장에서 소수의 경쟁력 있는 개인이나 기업의 역할을 최대한 보장해줄 수 있도록 정부는 가능한 간섭하지 않고 최소화하는 작은 정부를 지향한다.

그래서 우파(보수)는 사회적으로 경제성장을 우선시하고, 개인이 경제활동을 통해 축적된 부는 자유로운 경쟁의 결과이기 때문에 사회 내 계층 간의 경제적 불평등이 발생하는 것은 필연적인 것으로 생각한다. 따라서 분배에 대한 관심이 크지 않다. 보수가 선호한 신자유주의 체제하에서 필연적으로 고용주와 노동자, 가진 자와 못가진 자 간의 사회적 불평등이 심화되는 문제가 나타났다.

이와 반대로 좌파(진보)는 평등의 가치를 중요시한다. 소수보다는 승자와 패자를 포함하는 다수의 행복을 추구한다. 정부 주도의 경제계획을 통한 경제발전도 이런 전제를 기반으로 추진되었다. 평등한 경쟁기회를 제공하는 것이 중요하다고 생각하며 사회적 약자에 대한 배려를 강조한다. 우파들이 주도한 시장 중심의 체제가 시장의 자율화로 인해 사회적 불평등을 심화시켰다고 보며, 이 점을 개선하려는 노력에 관심을 기울인다. 성장보다는 분배를 중시하고, 시장과 개인의 자유로운 활동을 제약하는 대신, 시장에서 소외되거나 불리한 계층을 위해 정부의 역할을 강조하는 큰 정부를 지향한다. 단, 이런 입장을 견지하면 자유로운 경제활동을 제약하면서 기업의 활동과 개인의 자유가 축소된다는 비판이 제기된다.

우파(보수)가 지향하는 자유는 경쟁의 자유를 의미하며, '자유민주주의'를 주장할 때 그 의미는 경쟁이 자유로운 자본주의 체제의 민주주의를 말한다. 우리가 알고 있는 언론, 집회, 결사, 표현 등의 자유는 좌우에 관계없이 중요한 민주주의적 가치다.

좌파(진보)와 우파(보수)의 차이는 절대적 개념이라기보다 상대적인 개념으로 이해할 필요가 있다. 우리나라에서 좌파(진보)로 구분되는 주장이나 정책이 유럽국가에서는 우파(보수)적 주장으로 간주되는 경우도 있다. 또한 경제적인 영역에서는 복지정책을 확대하고 경제민주화를 주장하는 좌파(진보)적 입장을 가지고 있지만, 남북한 문제에 대해서는 폐쇄적인 우파(보수)적 시각을 견지하는 경우도 있다.

또한 남북 분단의 비극적 경험이 있는 대한민국에서는 성장

과 분배, 복지와 경제성장 등에 대한 상대적 개념으로 좌파(진보)
와 우파(보수)를 구분할 수 있음에도 불구하고 남한은 우파, 북한
은 좌파로 도식화된 인식이 남아 있다. 이로 인해 좌파에 대해 부
정적인 인식이 내재해 있는 것도 사실이다. 게다가 건국과 산업
화를 주도한 세력은 우파(보수), 민주화를 주도한 세력을 좌파(진
보)라는 인식이 더해져 좌우의 개념이 왜곡된 측면이 있다.

우리가 살고 있는 민주주의 사회에서 자유와 평등은 모두 중
요한 가치이다. 시장의 자율성과 경쟁의 자유를 중시하는 우파
(보수)나 복지와 분배를 통한 평등을 중시한 좌파(진보) 모두 지
향할만하다. 거듭 말하지만, 두 개의 개념은 상대적인 개념이며
자신이 현재 지향하는 가치는 언제나 상황과 환경변화에 따라 바
뀔 수도 있다. 어떤 정치적 태도를 가질 것인가? 자신의 눈으로
세상을 보자.

유물변증법의 철학
틀릴 수도 있어야 한다

좌우대립은 지금도 세계 곳곳에서 벌어지고 있는 정치적 현상이다. 21세기의 좌우대립은 '진보와 보수'로 이름이 바뀌었으며, 성장과 분배를 놓고 정책 대립을 펼치는 경우가 많다. 그런데 우파로 분류되는 '보수와 성장'의 이론은 경제학을 중심으로 곳곳에서 접하기 쉽지만 좌파에 해당하는 '진보와 분배'의 이론은 생각보다 단편적으로 접하게 된다. 지금은 한 세대 전의 유물이 된 경향이 있지만 좌파 철학의 토대가 되었던 형이상학에 대해 알아보자.

정식 명칭은 '유물변증법'인데 '변증법적 유물론'이라고도 한다. 기본 아이디어는 '유물론'에서도 보듯이 인간의 외부에 있는 물질적 조건들이 의식과 관념의 방향성을 결정하고, 이를 바탕으로 인간의 역사와 운명이 결정된다는 것이다. 그리고 그 결정의 규칙이 변증법으로 설명된다. 그런데 유물론과 변증법의 결합으로 생겨난 이 아이디어는 상당한 부정합을 가지고 있다.

우선 유물변증법의 주된 법칙이 되는 변증법의 직접적인 출처는 '절대관념론'으로 불리는 헤겔의 철학이다. 헤겔의 철학 내용이 난삽하여 그 전체 논리를 정확히 이해하기는 힘들다 할지라도, 개략적인 내용은 (1) 세상은 관념으로 구성되어 있으며, (2) 관념이 운동하는 법칙은 변증법이라는 것으로 요약할 수 있다. 여기서 변증법은 사물의 인과법칙과 대조적인 것으로서 헤겔이 인간 정신의 독특한 상호작용 법칙으로 계발해서 정립한 것인데, 이것이 유물론, 즉 사물의 법칙으로 전용된 것이다.

유물변증법이 모든 물질세계에 헤겔적인 변증법을 결합함에 따라서, 물질적 관계로 형성되는 인간의 역사에 헤겔 철학의 요소가 덧붙여졌다. 그것은 역사가 목적을 갖게 되었다는 것이다. 헤겔 역사철학에서 그 목적은 절대적인 완성을 향해 나아가는 것이었는데, 유물변증법에서는 공산주의 세상이 역사의 목적으로 부여된다. 이를 위해서 사적 유물론이 구성된다. 그리하여 변증법적인 역사는 대립물의 통일을 통해서 보다 높은 차원의 역사적 발전을 이룬다는 것이다.

헤겔의 변증법을 관념이 아닌 물질관계에 적용하여 모든 것을 설명할 수 있다는 자부심을 가진 유물변증법은 역사해석을 통해 사회적 문제에 적용되면서 스스로 '과학적 유물론'이라고 부르기도 했다. 하지만 실제 현대 과학은 변증법과 전혀 상관이 없고, 심지어 심리학조차도 변증법과 별 상관없이 발전하고 있다는 맹점이 있다. 하지만 이들 과학들이 발전함에 따라 그 내용이 전문화되고 어려워지는 데 반해 유물변증법은 정반합의 단순 논리로 많은 것을 설명할 수 있다는 점에서 매혹적이다.

유물변증법이 모든 것을 유물론으로 설명하는 논리의 허구성을 폭로하기 위해서 칼 포퍼는 '반증가능성' 개념을 제시했다. 이것이 뜻하는 바는, 진실로 옳은 것이라면 틀릴 수도 있어야 한다는 아이디어다. 무엇이 틀릴 수 없는가? "나는 너의 영혼이 고귀함을 안다"와 같은 말은 틀리기 어렵다. 위로를 주기는 하지만 '너'가 어떤 사람이든 간에 그 영혼이 고귀하다는 말의 뜻을 이리저리 꿰어 맞추어서 자신이 옳다고 말할 수 있는 것이다.

'틀릴 수 없다'는 것은 진리로 보이지만, 사실상 옳은 것이 아니고 말장난일 뿐이다. 진짜 진리는 틀릴 수도 있고 옳을 수도 있는 것에서 옳아야 한다. 위성을 발사하면 그 궤도가 어떻게 되는지를 예측한다면 틀리기 쉽다. 하지만 그런 '틀릴 수 있는' 문제를 맞혀야지 진짜 옳을 수 있다. 이것이 반증 가능성의 뜻이고, 사이비 이론과 진짜 과학 이론을 구분하는 하나의 기준이 되기도 한다.

성장에 대비되는 분배, 자유에 대비되는 평등을 내세우는 목소리는 지금도 생명력이 있지만, 과거에 비해 유물변증법에 몰입하는 사람들이 급격히 감소했다. 어쩌면 과거의 유물로 변해가고 있는지도 모른다.

8장

모티브

사회

자본주의와 인간의 동기

욕망에 대한 고찰

✕
✕
✕

자본주의와 사회주의는 시장 중심적 자유경제와 전체주의적 통제경제 그리고 사유재산제의 허용 유무로 구분된다. 자본주의는 재화를 개인이 소유할 수 있으며, 이기적 욕망을 사회 발전의 동력으로 삼고 있다. 상품 또는 용역의 가격, 투자, 분배 등이 주로 시장 경제를 통해 이루어진다. 이에 반해 마르크스가 정립한 사회주의는 사회의 계급을 자본가 계급(부르주아)과 노동자 계급(프롤레타리아)으로 구분하고 자본가가 자본을 매개로 노동자 계급을 착취하고 소외시켜 결국 노동자는 자본가에 의존적인 삶을 살게 한다는 것이 사회가 돌아가는 메커니즘이다. 따라서 정부가 전반적인 계획을 세우고, 경찰력으로 계획을 집행하며, 공장, 상점, 농장 등은 정부가 소유하여 사유재산을 금지하는 정책을 펼쳤다.

한편, 자본주의의 핵심은 사유재산제를 허용하며 모든 재화에 가격을 책정한다. 또 이윤창출을 목적으로 상품을 생산한다. 노동의 대가로 임금을 받게 되니 노동력도 상품화할 수 있다.

18세기 유럽의 지식인들이 사회주의를 주창한 마르크스를 옹호하며 그의 사상을 추종한 것은 산업혁명의 부작용이 도처에서 벌어졌기 때문이다. 증기기관, 전기에너지 사용 등 전에 없던 기술 발전으로 다양한 기계가 발명되고 공장이 들어서면서 대량생산이 시작되자, 자본가들은 오로지 생산만을 지상 목표로 삼았다. 싼 인건비로 남녀노소 할 것 없이 고된 노동을 시켰던 것이다. 굶주림과 헐벗음으로 인간의 존엄성마저 황폐해지자, 유럽의 지식인들은 이에 대한 각성이 필요하다고 판단했다. 마르크스의 사회주의가 들불 번지듯 퍼져나간 것은 자연스러웠다. 러시아혁명으로 공산주의 국가가 설립되고 사회주의는 대세가 되는 듯했다. 그러나 1991년 소련(소비에트사회주의 연방)의 붕괴를 기점으로 사회주의 정치체제였던 공산주의는 붕괴했다.

인간의 욕망에 대한 고찰이 부족했던 것일까. 사유재산제를 허락하지 않은 탓에 사회주의 국가에서는 노동자들의 의욕이 꺾여 생산성이 증가하지 못했다는 분석이 지배적이다. 소유욕이 인간의 본성이라는 차원에서 틀린 말은 아니다.

또한 자본주의와 사회주의의 성패를 가른 것은 노동의 생산성이다. 산업화가 본격화 된 19세기, 생산성이 급속히 증가하게 되면서 프롤레탈리아 즉, 노동자 계급의 소득이 증가하며 두터운

중산층을 이루게 되었다. '경영의 구루' 피터 드러커는 이를 '생산성 혁명'이라고 불렀다. 노동의 생산성이 가능했던 것은 제2차 세계대전 후 부자가 된 미국 주도의 경영 시스템 개발과 확산이 주효했다. 자본주의와 민주주의의 철학과 사상은 유럽에서 태동했지만 이를 꽃피운 곳은 미국이다. 애덤 스미스, 리카도 등이 자본주의의 이론과 철학을 정립했지만 유럽 사회는 이를 받아들이지 않았다. 대신 청교도의 나라 미국에서는 알렉산더 해밀턴 등이 기계식 생산이 빠른 속도로 경제활동의 중심이 될 것이라는 예측을 했다.

영국의 애덤 스마스는 《국부론》에서 분업으로 생산성을 대폭 향상시킬 수 있다고 주장했다. 현장에서 분업을 통해 생산성 혁명을 현실화한 인물은 미국의 엔지니어 출신 컨설턴트 프레드릭 테일러다. 그는 작업, 즉 공정과정을 과학화한 인물로 평가받는다. 테일러는 생산성의 열매를 가장 많이 가지고 있는 사람은 소유주가 아니라 노동자라고 믿었다. 직업의 표준화와 시간 및 작업 동작을 최적화해 미숙련자를 투입시켰을 때도 생산성을 보장할 수 있는 작업공정 시스템으로 '테일러주의'라고 부른다. 창의성과 자율의지를 꺾었다는 비난을 면치 못했지만, 테일러주의는 대량생산과 생산성 혁명이라는 두 마리 토끼를 모두 거머쥘 수 있는 묘책이었다. 미드베일 철강회사 등에서 성과를 낸 테일러주의가 정착된 곳은 자동차의 대량생산을 이뤄낸 포드사였다. 1930년대 GM에 밀리면서 시장 점유율 1위 자리를 내준 포드가 테일러주의를 도입해 공정흐름을 따라 순서대로 각 작업자를 통과해 신속하게 반복·생산하는 생산라인 시스템을 만들어 냈다. 찰리 채플린의 영화 〈모던타임즈〉(1936)는 포드의 생산라인 방식을 희화화한 작품으로 유명하다. 쉬지 않고 돌아가는 태엽에 말려들어가 천연덕스럽게 기계와 한 몸이 되는 장면은 코미디처럼 연출했지만, 실상은 열악한 노동 현장에 대한 고발이기도 하다.

단순 반복적인 업무로 효율성을 보장했던 테일러주의는 이제 로봇에 장착되어 노동자를 대체하고 있다. 우리는 다시 창의성과 자율의지를 되살려내라는 새로운 시대의 사명 앞에 섰다.

과학

연금술에서 화학으로
진리를 깨는 과학의 역사

╳
╳
╳

아마도 과학의 역사에서 연금술alchemy만큼 돈과 직접적으로 관계되는 연구는 없었을 것이다. 아리스토텔레스가 4원소설을 지지한 이래로 2,000년이라는 긴 시간 동안 사람들은 연금술을 믿으며 값비싼 금이나 무병장수를 가능하게 하는 '현자의 돌'('철학자의 돌' '마법사의 돌'로 불리기도 한다)을 만들기 위해 혹은 찾기 위해 많은 실험과 힘든 탐험을 해왔다.

세상 모든 물질의 근원이 물, 공기, 흙, 불의 네 가지 원소로 만들어졌다고 믿는 4원소설에 따르면, 네 가지 원소들의 배합에 따라서 다양한 물질이 나온다. 모든 것들이 같은 재료로 만들어지고 단지 구성 비율만 다르다고 믿었기 때문에, 금이나 현자의 돌을 만들어낼 수 있다고 생각했을 것이다. 단지 금을 구성하는 원소들의 조합 비율을 찾고 그 비율을 조합하는 방법을 발견하면 되는 일이었다. 그 방법을 알아낸다면 부유해지는 것을 넘어서 명예와 권력까지 움켜쥐고 세상의 주인공이 될 수 있을 테니, 이를 향한 연금술사들의 노력은 상당했을 것이다. 아주 강력한 동기를 갖고 사람들이 활발하게 연구하도록 한 연금술은 결국 물질에 대한 이해를 넓혔고, 물질의 구성단위를 다루는 화학chemistry라는 과학으로 대체되었다.

4원소설은 왜 그렇게 오랫동안이나 물질의 근원에 대한 답으로 간주되었을까? 달리 말하자면 인간은 2,000년 동안이나 잘못된 이론을 왜 고치지 못했던 것일까? 그리고 4원소설은 결국 어떻게 역사의 뒤안길로 사라지게 되었을까?

아리스토텔레스는 거의 2,000년 동안이나 유럽의 스승으로 여겨질 정도로 정치학, 윤리학, 논리학, 인식론, 형이상학, 수사학, 경제학, 물리학, 천문학, 지질학, 생물학, 심리학 등 당대 대부분의 학문에서 괄목할만한 업적을 남겼다. 후대의 사람들이 아리스토텔레스의 주장과 관점에서 벗어나기도 쉽지는 않았을 것이다.

코페르니쿠스로 시작되는 과학혁명(지동설을 피력한 1543년에서 뉴턴의 《프린키피아》가 출간된 1687년의 약 150년의 기간에 일어났던 과학의 정립)에서 처음으로 구체적이고 확실하게 아리스토텔레스의 큰 그림자에서 벗어날 수 있었다. 아리스토텔레스의 주장과 달리 천상의 세계와 지상의 세계는 같은 운동법칙과 같은 운동 원인으로 작동되는 하나의 통일된 세계라는 것을 뉴턴은 자신의 역학체계로 증명해냈다. 세상의 변화를 기술할 수 있는 미분이라는 수학적 도구를 발명하여 지상의 운동과 천상의 운동을 계산했으며, 밀물과 썰물, 달과 행성들의 운동(케플러의 행성운동의 법칙을 뉴턴역학에서 유도할 수 있다), 지표면 근처에서 물체의 자유낙하와 포물선 운동 등 천상과 지상의 운동을 정확하게 예측할 수 있었다.

심지어 당시까지 망원경으로 관측된 태양계의 마지막 행성 천왕성은 뉴턴역학에 의해 해왕성의 존재를 찾아내는 단서가 되기도 했다. 천왕성의 운동값이 이론적으로 계산한 값과 맞지 않아 의아해하던 과학자들은 뉴턴역학을 기반으로 천왕성 너머 미지의 행성을 계산으로 추정했고, 이후 실제 발견된 행성이 바로 태양계의 마지막 행성 해왕성이다. 해왕성은 이론으로 먼저 예측하고 관측이 뒤따랐던 최초의 천체로 기록된다. 그리고 이런 일련의 과정을 통해 물리학과 천문학에서 먼저 아리스토텔레스가 구상한 세계에서 완전히 벗어날 수 있었다.

연금술과 4원소설을 벗어나는 직접적인 계기는 화학에서 일어났는데, 먼저 4원소설이 나오게 된 역사적 자취를 따라가보는 것도 좋을 것 같다. 지금으로부터 약 2,600년 전인 B.C. 6세기에 탈레스라는 걸출한 철학자는 최초의 수학적 정리라고 여겨지는 '탈레스의 정리(=반원의 원주각은 직각이다)'를 증명했고 전기와 자기를 연구하고 일식을 예측하여 맞출 정도로 세상을 인간의 영역에서 이해하고자 했던 최초의 과학자이자 철학자였다. 탈레스는 혼자만 특출난 역량을 보인 것이 아니라, 밀레토스 학파를 만들어 자연과 이치를 인간 너머의 초월자에게만 의탁하지 않고, 인간의 이성으로 탐구하고 이해하려는 전통을 그리스에 남겼고 이 전통은 과학의 발달로 이어진다.

위대한 탈레스는 만물은 궁극적으로 물로 구성되어 있다고 생각했으며, 이 주장은 우리에게 "만물의 근원은 물이다"로 알려진다. 탈레스의 제자인 아낙시만드로스는 '습함'이라는 규정적인 성질을 가진 물이 건조한 물질의 재료가 될 수 없다고 생각하고, 헤아릴 수 없이 다양한 물질을 이루기 위해서, 물질의 근원은 구체적인 무엇이 아니라 구체적일 수 없고 규정할 수 없는 무한자 apeiron여야 한다고 주장했다. 반면 그의 친구인 아낙시메네스는 아낙시만드로스의 무한자의 도입을 이해했으나 모호하고 추상적인 것이 구체적인 물질을 만들어낼 수 없다고 생각했다. 어느 곳에서나 있는 것처럼 느껴지고 좀 더 실체적인 물질인 공기를 만물의 근원이라고 했다. 크세노파네스는 "모든 것은 흙에서 나와 흙으로 돌아간다"고 하며, 흙을 만물의 근원처럼 여겼다. 헤라클레이토스는 만물의 생성과 변화를 중시하면서 불을 근원 물질로 보았다. 만물은 변화하는 것이라 주장하며 "같은 강물에 두 번 들어갈 수 없다"라는 주장은 후대에 영향을 끼쳤고 현대의 우리에게 전해진다. 이 4개 물질이 모두 만물의 근원이라고 여기는 4원소설을 최초로 주장한 이는 엠페도클레스다. 네 개의 원소들의 결합과 분리를 중요시했으며, 사랑으로 결합하고 미움으로 분리된다는 주장으로 만물의 변화를 설명하고자 했다. 이 4원소설은 플라톤을 거쳐서 제자인 아리스토텔레스에 의해 더 발전되며, 물질에 대한 유럽의 관념을 오랫동안 주도하게 된 것이다. 심지어 과학혁명을 완성한 천재 석학 뉴턴조차도 연금술에 흠뻑 빠져서 오랫동안 상당한 연구를 할 정도로 연금술에 대한 사람들의 믿음은 현대의 우리로는 짐작하기 어려울 정도로 컸던 것 같다.

이렇게 신망받던 연금술은 뉴턴보다 조금 앞선 시기에 활동한 보일(1627-1691)이 4원소 중의 하나인 공기에 대해 체계적이고 구체적인 연구를 하면서 금이 가기 시작했다. 최초의 근대적 화학자로 인정되는 보일은 실험을 통하여 공기가 순수한 물질이 아니라 두 종류 이상의 기체가 혼합된 혼합물이라고 근거 있게 주장할 수 있었다. 4원소설의 관점과 달리 물질이 아주 작은 입자로 구성되었다는 데모크리토스(대략 B.C. 460-370)의 원자론을 보다 구체적으로 보일의 입자설로 부활시켰다. 이렇게 보일에 의하여 객관적이고 정교하게 실험하여 얻는 결과가 중요하다는 과학적 관점은 보일의 앞 세대인 베이컨(1561-1626)의 경험주의와 맥을 같이 한다.

17세기 중반에 보일이 문을 연 근대 화학은 18세기 말 라부아지에의 화학 혁명으로 성장하면서, 4원소 중의 하나인 물을 산소와 수소로 전기분해하고 다시 두 기체로 물을 합성해내었다. 또한 우리가 상식적으로도 받아들일 수 있듯이 흙은 만물의 근원이 아니라 여러 물질의 혼합물이며, 심지어 불은 물질이 아니라 물질이 산소와 격렬하게 반응하는 '연소'라는 현상임이 밝혀지면서 4원소의 어느 하나도 물질의 근원에 있을 수 없게 된다. 또한 물질의 근원으로 생각되는 원소들이 화학혁명의 시기에 이미 30여

종으로 늘어났고, 새로운 원소들이 계속 발견되면서 인간은 아리
스토텔레스의 4원소설에서 연유한 연금술에서 완전히 빠져나올
수 있게 됐다.

소셜미디어 나르시시스트
과시하고 사랑받는 공간

✕
✕
✕

페이스북을 자주 사용하는 사람일수록 나르시시즘 성향이 강하다.

미시간 주립대 과학자들이 대학생 486명과 성인 93명을 대상으로 한 연구 결과, 최근 소셜미디어 환경은 초기의 목적과 달리 점점 나르시시즘 경향이 심화되고 있다. 페이스북은 거울과 같은 역할을 하며, 트위터는 확성기와 같은 역할을 하고 있다. 소셜미디어를 자주 사용하는 사람들은 자신의 모습만 쳐다보다 강물에 빠져 죽은 나르키소스처럼 자신의 모습만 쳐다보는 경향이 있다는 말이다.

소셜미디어를 자주 사용하다 보면 남들이 자신의 이미지에 어떻게 반응하는지에 관심을 쏟게 되어 이전보다 자신을 드러내고

꾸미는 데 지속적인 노력을 기울이게 된다. 나르시시즘은 자기 자신에게 애착을 느끼며 관심이 대상이 자기 자신에게만 향한 상태를 말하는데, 점점 나르시시즘적으로 변화하고 있는 오늘날 사회에서 소셜미디어는 자기애의 경향이 강화되는 나르시시즘적 매체에 가깝다.

사람이라면 누구나 인기인이 되고 싶은 마음이 있다. 그렇게 되기 위해 자신을 드러내고 알리는 다양한 방식을 택한다. 나이, 성별, 지역, 학교 같은 객관적인 지표가 과거의 구별 짓기의 중요한 방식이었다면, 현대에는 성향이나 취향 같은 모호하지만 새로운 지표가 대두되고 있다.

프랑스 사회학자 피에르 부르디외는 문화 사회학의 고전, 《구별짓기》에서 취향이 품격을 결정한다고 주장한다. 즐겨 듣는 음악, 자주 하는 스포츠, 좋아하는 음식과 패션 등이 어떤 사람을 평가하는 기준이 된다는 것이다. 그는 이를 '문화적 자본'이라고 정의했는데, 소셜미디어 사용자들은 바로 이런 문화적 자본을 매일같이 소셜미디어에 업로드하고 있다. 매일매일 무엇을 하고, 무엇을 먹고, 어디에 가고, 무엇을 보고 입고 들었는지, 소소한 일상과 영화 티켓, 음반 재킷, 공연 티켓 등 관련 증거물을 타임라인에 알린다. 글과 사진 그리고 동영상과 해시태그로 남긴다. 그러면서 '좋아요'를 기대하고 이를 통해 서로 소통한다고 굳게 믿는다.

하지만 본질적으로 이런 행동은 단순하게 소비행태를 통해 스스로 만족하는 것에 가깝다. 이를 통해 타인에게 좋은 인상을 주거나, 자신을 과시하는 등 타인에게 보내는 일종의 신호로 활용되고 있는 것이다. '좋아요'를 위해 업로드하는 대상, 경험, 사진 등을 보면, 자신이 진짜 좋아하는 것 대신 남이 좋아해줄 만한 것 위주로 올리는 흐름도 읽힌다. 소셜미디어 이용자는 점점 더 '남이 싫어할 수 없는 나'로 남고자 노력하게 된다. 그 결과 사람들은 '좋아요'의 위력에 눌려 매일, 매시간 누가 자신의 어떤 점을 좋아하는지 '수치'로 확인한다. 누군가 남긴 '좋아요'를 메시지로 전달받게 되면 그 음식, 그 상황, 그 사진 등은 되고 싶은 '나'를 결정하게 된다.

물론 '좋아요'의 개수나 '팔로워' 수를 통해 타인과 자신을 구별 짓는 건 자연스러운 일이며 우리는 살면서 얼마든지 타인에게 자신을 과시할 수도 있다. 하지만 내 일상은 소셜미디어에 업로드됨으로써 결국 내가 좋아하는 것보다 다른 사람으로부터 '좋아요'로 평가받는 비중이 커져버린다. 또한 소셜미디어에서 소비되는 정보는 대중의 동의를 이끌어낼 수 있는 결정된 요소를 기반으로 '좋아요'를 최대한 끌어낼 수 있는 내용으로 결정된다.

소셜미디어를 사용하는 사람이 많은 오늘날 '진짜 나란 무엇일까?'라는 어려운 질문에 봉착했다. 기쁘고 슬픈 상황이 공존했을 때 우리가 각각 '진짜'로 존재한다면 같은 논리로 뭔가를 싫어하는 것 역시 우리의 진짜 모습이다. 소셜미디어를 통해 항상 '좋아요'를 쫓아가고 기뻐하기만 하는 사이에 우리의 정체성은 의도치 않게 나 자신의 진짜 모습을 잃어버리고 살아가는 것은 아닐까?

돈보다 재미, 리누스의 법칙

노력 자체를 즐긴다

✕
✕
✕

"천재는 노력하는 자를 이길 수 없고, 노력하는 자는 즐기는 자를 이길 수 없다"는 말이 있다. 굳이 어원을 찾자면, 〈논어〉의 옹야편 속 '지지자는 불여호지자요, 호지자는 불여락지자知之者는 不如好之者, 好之者는 不如樂之者'에서 온 말이지만, 서양에도 비슷한 속담이 있는 것으로 보아, 동서고금의 보편적인 인식으로 추정된다.

결국, 저 좋아서 하는 일이 최고라는 말이다. 공부든 연구든 예술이든, 제아무리 뛰어난 재능을 지녔다 하더라도 우스갯소리로 '미친놈' 하나를 이길 수 없다는 말. 그렇다면, 천재이면서 즐기거나, 노력 자체를 즐기는 사람은 어떨까? 컴퓨터 운영체제 리눅스를 개발한 리누스 토발즈처럼 말이다.

핀란드 출신의 컴퓨터공학과 학생이던 리누스 토발즈는 취미

삼아 컴퓨터 운영체제를 만들어보려 했지만 가난한 학생 처지에 고가의 장비를 사기는 어려웠다. 고민 끝에 대형 컴퓨터에서 사용하는 코드를 수정해 개인 PC용 운영체제를 개발했다. 마이크로소프트사가 개발한 운영체제인 윈도우에 맞서, 자신의 이름을 딴 운영체제 리눅스를 만들어낸 것이다. 그리고 이 운영체제를 누구나 사용할 수 있는 공개운영체제로 오픈했다. 공개운영체제라 함은, 영어로 '오픈소스'라 쓰고, 쉬운 우리말로 '공짜'라 읽는다.

힘들게 만든 것을 왜 공짜로 주느냐는 질문을 받을 때마다 그는 "재미있어서"라고 답한다. 남들에게 인정받는 것이 좋고, 그로 인해 재미를 느끼기 때문이라는 거다.

조금 더 나아가 리누스는 사람들이 어떤 일을 할 때 가장 강력하게 작용하는 동기를 3단계로 설명하고 있다. 가장 기본 단계의 동기로 '생존'이 있고, 두 번째로 '사회적 관계'가 있으며, 가장 높은 단계의 동기는 '재미'라고 말한다. 사람들은 생존을 위해 일하지만, 그 안에서 맺게 되는 사회적 관계 때문에도 일을 놓지 못한다. 앞의 두 단계의 동기가 충족되면 싫어도 그 일을 하게 된다. 그러나 가장 높은 단계의 동기인 '재미'가 충족되면 단순히 일을 할뿐 아니라 성과 면에서도 만족스러운 결과를 얻을 수 있다. 이때 개방적이고 수용적인 태도를 취하면 더 많은 재미를 느낄 수 있다고 말한다. 다수에게 열린 환경에서 다양한 의견과 지식이 반영되면 문제해결 확률이 증가한다는 것이다. 리누스가 만든 리눅스 운영체제가 단시간에 가장 완벽한 운영체제로 인정받게 된 것처럼 말이다. 그는 이를 '리누스의 법칙'이라고 스스로 명명했다.

인간의 욕구를 설명하는 여러 사회과학적 이론들이 있지만, 리누스의 법칙이 공감을 얻는 이유는 리누스 자신의 인생 체험에서 우러난 이론이기 때문일 것이다. 리누스처럼 대부분의 사람들은 자신이 원하는 일이 무엇일까 고민한다. 이미 일을 하고 있는 사람이라도 이 일이 진정 내가 원하는 일인지 계속 고민한다. 결국 고민의 끝은 내가 이 일에서 '재미'를 느끼고 있는가, 내가 이 일을 '진짜 좋아하는가'로 귀결된다. 돈도 안 되는 일에 열정과 시간을 쏟아붓는 '덕후'들을 보라. 혹은 자신의 업을 '천직'으로 알고 매진하는 장인이나 생활의 달인들을 보라. 그들을 일하게 하는 것은 돈이 아니라, 매 순간 일에서 느끼는 재미와 보람이었을 것이다. 덕후는 그렇게 탄생한다.

참고로, 리누스의 법칙은 두 가지가 있다. 지금까지 설명한 리누스 토발즈 스스로 명명한 법칙 이외에 '여러 개의 눈 이론Many Eye Theory'으로 정리되는 에릭 레이몬드 버전의 리누스 법칙이 있다. 에릭 레이몬드는 자신의 저서 《성당과 시장》에서 리누스 토발즈의 오픈소스 업적을 기리기 위해 "눈이 많으면 벌레를 잡기 쉽다"는 표현을 했다. 즉, 보는 눈이 많으면 문제점을 발견하기가 쉽고, 이를 개선하려는 집단지성이 모여 단기간에 막강한 성능과 안전성을 구현하게 된다는 것이다.

이 정도 되면 '돈보다 재미'가 세상을 구한다고 믿어볼만하지 않을까.

3부

경제

✻ 자본주의 속에서 나아가기 ✻

9장

투자

경제

워렌 버핏의 가치투자
투자의 기본을 물으신다면

╳
╳
╳

오래전부터 기업 여러 곳을 다니며 관심 있는 회사의 직원을 만나고 경쟁사까지 찾아가서 대화를 나누곤 했다. 나는 그들에게 끊임없이 질문을 던지며 확인했다. 그것은 일련의 기업 분석과정이었다. 그런 뒤 기업 관련 보고서를 쓰기로 했다. 어떤 회사는 보고서 쓰기가 쉬웠고, 어떤 회사는 훨씬 어려웠다. 우리는 결론적으로 보고서 쓰기가 쉬운 회사에 투자했다.

가치투자의 귀재, 오마하의 현인으로 불리는 워렌 버핏이 투자할 기업을 선정할 때 쓰는 방법이다. 그 보고서에는 무엇이 담겨 있을까. 기업의 시장가치다. 그렇다면 버핏이 투자 대상 기업을 선정할 때 '공정한 시장가치'에 포함시키는 것은 무엇일까. 그

건 바로 미래의 성장가치였다.

기업을 각종 할인율을 적용해 헐값으로 평가하는 대신 연 15퍼센트 수익을 올리기 위해 필요한 기업의 내재가치를 확인할 수 있다는 논리다. 기업의 내재가치는 매년 거둬들이는 이익을 돈의 시간적인 가치를 적용한 미래의 기대 이익의 총합이다.

그가 기업의 미래 이익을 추정하는 목적은 관심 기업의 경영 리스크 상황을 파악하는 데 있다. 기업의 내재가치가 경영의 일관성과 연계되어 있기 때문이다. 미래에 수익을 거둬들이지 못하는 기업은 투자할 가치가 없다는 원리다. 버핏이 다른 투자자들과 다른 점이 여기에 있다. 기업경영의 속사정을 일일이 알기 어려운 상황에서 그는 공개된 정보를 수집하고 이를 분석하여 통찰을 얻어낸 것이다.

금융시장에서 성공한 투자자들에게는 공통점이 있다. 어린 시절 스스로 돈을 벌어보면서 돈의 본질을 이해하고 번 돈은 투자를 하면서 돈이 어떻게 움직이는지를 이해했다. 돈과 숫자에 관심이 많았던 버핏은 어린 시절 코카콜라 한 상자를 25센트에 사서 한 병에 25센트에 팔았다. 또 일찍부터 경마장을 찾았던 그는 버려진 마권을 분석해 우승 말을 예상하는 신문을 발행했다. 그렇게 모은 돈은 주식에 투자하며 조금씩 돈을 불려갔다. 고등학교에 입학할 무렵에는 이미 사업가의 면모를 갖췄다. 1942년 아버지가 루즈벨트의 뉴딜 정책을 반대하며 하원의원에 당선된 후에도 신문 배달로 한 달에 175달러를 벌었다. 또 친구들과 함께 골프장 근처 작은 호수나 연못에 빠진 골프공을 찾아내 깨끗이

닦은 뒤 '버핏 골프볼즈'라고 이름을 붙여 새것 같은 중고로 되팔았다. 그 과정에서 친구들과 수익을 나누는 법도 배웠다. 열아홉이 되었을 때 그가 저축한 돈은 9,800달러나 되었다. 그가 '스노볼'을 굴릴 수 있는 원금은 이렇게 마련됐다.

쉬워 보이지만 그렇다고 아무나 할 수 있는 일은 아니다. 투자자가 되기 위해서는 정신이 늘 깨어 있어야 하며 사건을 꿰뚫어 보고 그에 대한 대중의 반응을 읽어내야 한다. 대차대조표, 이익배당금, 주식시장 동향, 영업보고서 통계를 수집하는 일만이 투자자의 일이 아니다. 알짜지식은 세부 지식 중 여전히 남아 있는 그 '어떤' 것이다. 아무것도 모르지만 전체를 이해하고, 작은 뉴스로 상상력을 동원하는 것, 이것이 투자자가 갖춰야 할 필수 덕목이라는 게 그의 조언이다. 1986년 49세의 나이로 세계 400대 부자를 선정하는 '포브즈 400'에 이름을 올린 버핏은 지난 2008년 드디어 1위에 올랐다. 제프 베조스, 빌 게이츠, 마크 주커버그 등 IT 기업 대표들이 세계 부자명단에 이름을 올리는 지금도 버핏은 세계 부자 10위권에 이름을 올리며 영향력을 발휘하고 있다.

버핏은 늘 책을 읽으며 지식을 축적하고 여기서 그치지 않고 이를 현실로 실현하는 습관을 어린 시절부터 익혔다. 하루 10시간씩 정보를 수집하고 분석하며 스스로 시장을 판단하는 버핏. 그 어떤 것을 깨닫게 될 때까지 "작게 시작해 꾸준히 공부하며 통찰과 혜안을 얻으라"는 것이 전설의 투자자 버핏이 전하는 핵심 메시지다.

퀀트가 찾는 투자 패턴
수학과 만난 투자

✕
✕
✕

일반적으로 이론과 실제는 별개인 경우가 많다. 미분적분을 창시한 시대적인 수학 천재 뉴턴조차도 주식 투자로 큰돈을 잃고 "내가 천체의 움직임은 계산할 수 있어도, 인간의 광기는 도저히 계산할 수 없다"고 말한 사례는 유명하다. 그렇지만, 수학을 이용해서 실제로 큰돈을 번 수학자들이 있으며, 지금은 그들이 점점 많아지고 있다. 금융 공학이 생겨났기 때문이다.

금융 공학의 출발점으로 카지노 공략이 꼽히기도 한다. MIT 공대 학생들이 카드게임 블랙잭을 통해 엄청난 돈을 버는 모습을 보여주는 영화 〈21〉은 실화를 배경으로 하는데, 실제로 에드워드 소프 교수는 카지노에서 블랙잭이라는 카드게임에서 항상 이길 수 있는 승리 공식을 만들었다. 원래 블랙잭을 하면 카지노가 이길 확률은 55퍼센트라서 오래 게임을 하면 카지노가 돈을 반드시 벌게 된다. 하지만 소프 교수는 카드를 기억하고 확률을 계산해서 일정하게 승률을 53.6퍼센트로 올릴 수 있음을 알게 되었고, 라스베이거스에서 몇 시간 만에 수천만 원을 벌어 그것을 실제로 증명했다. 이 사실이 알려지자 카지노는 소프 교수를 블랙리스트에 올렸고, 카지노 출입이 금지된 소프 교수는 월스트리트의 주식 시장으로 갔다.

한편 그 즈음인 1970년대에 미우주항공국 NASA에서는 예산이 40퍼센트나 삭감되어 과학자들이 대량 해고되는 사태가 일어났다. 연구소에서 해고된 과학자들은 월스트리트로 눈을 돌렸다. 그리고는 수학적 알고리즘을 동원하여 엄청난 돈을 벌어들이기 시작했다. 이렇게 투자수익을 얻기 위해 수학 알고리즘을 개발하는 사람들을 '퀀트'라고 부르는데, 〈인스티튜셔널 알파〉라는 잡지에 따르면 2015년 해지펀드 매니저의 연봉 순위 1, 2, 3위가 퀀트들이다.

미국에서 가장 성공한 헤지펀드 매니저인 제임스 사이먼스도 그중 한 명이다. 업계 2위인 그는 1978년 '르네상스 테크놀로지'라는 헤지펀드를 설립했다. 2019년경 이 회사는 300명의 공학자와 수학자들을 고용한 회사가 되었다. 그 역시 뛰어난 업적을 남긴 수학자이기도 한데, 그는 자기 회사의 신입사원을 채용할 때 수학이나 물리학적 지식만을 묻고 채용하는 것으로 유명하다. 실제 월스트리트에서 퀀트로 활동했던 사람의 말에 따르면 세부적인 업무에 따라서 직종과 지식이 천차만별이지만, 공통적으로 일정 수준 이상의 수학·통계 능력과 프로그래밍 능력이 필요했다고 한다. 퀀트는 고도의 수학·통계를 이용하면서 컴퓨터 기술과 인공지능을 결합해서 투자하는 것이기 때문이다.

또한 수학이 패턴 혹은 규칙성에 대해 연구하는 과학이기 때문이다. 수학을 단순히 숫자 계산이라고 생각하는 사람들이 많다. 하지만 이것은 대략 2,500년 전 수학자들의 사고방식이다. '유클리드 기하학'을 토대로 수학이 체계적으로 발달하기 시작하자 '수학은 곧 기하학'이라고 생각한 적도 있었지만 1700년대 중반에 들어서는 수와 형태, 운동, 변화, 공간에 대한 학문으로 이해되었다. 현대의 수학자들은 수학을 규칙성 혹은 패턴에 대한 과학으로 이해하고 있다.

패턴 연구가 어떻게 투자로 이어지는지는 주식 그래프를 상상하면 쉽게 이해할 수 있다. 그래프는 주식의 가격이 변화하는 모습을 보여준다. 그 속에서 일정한 패턴을 찾아낼 수만 있다면 이후의 가격 변화를 예측할 수 있고, 그러면 가격이 쌀 때 사서 비쌀 때 팔 수 있다. 카지노에서 블랙잭으로 수천만 원을 번 에드워드 소프 교수는 50퍼센트에 겨우 3.6퍼센트 더 높은 확률의 승리 패턴을 파악해서 몇 시간 동안에 수천만 원을 벌었다. 전 세계 주식 시장에서 컴퓨터 알고리즘을 동원한다면 0.1퍼센트 더 높은 승리 패턴만으로도 몇 시간 만에 수천억 원을 더 벌 수 있다.

과학

인류의 미래에 투자하다
인류 과학의 최전선

✕
✕
✕

현대과학이 자연의 더 깊은 곳까지 진출하면서 연구개발을 위한 장비나 투자는 과거와 비교할 수 없을 정도로 커지고 있다. 1953년 왓슨과 크릭의 DNA 이중나선구조 규명에서 2003년 인간게놈프로젝트의 인간게놈지도 완성까지 인간을 분자 수준에서 이해하려는 연구는 빠르게 발달했다. 인간게놈지도가 예상을 깨고 목표보다 2년 빠른 2003년에 완성될 수 있던 것은 예상을 뛰어넘는 과학의 빠른 발전 덕분이기도 하며, 그만큼 경쟁적으로 각국과 기업에서 투자가 진행될 수 있었기에 가능한 일이었다.

여기서 게놈Genome은 한 개체의 유전자 전체를 뜻하는 말로써 유전을 의미하는 gene과 전체 혹은 집단을 의미하는 -ome 접미사가 결합되어 만들어진 용어다. 처음 사용한 사람은 1920년 함

부르크 대학의 식물학 교수 한스 빙클러로 알려져 있으며, 현재 생명공학 분야에서 폭넓게 사용되는 용어이기도 하다.

생명 연장과 건강한 삶이라는 인간의 본능적 소망을 달성하려는 의학적, 생물학적 연구와 투자는 다국적 기업에서 주도하는 경우가 많다. 거대한 시장규모와 맞물려 있기 때문이다.

그러나 한편 경제적인 이득과 별로 관계는 없지만 대규모의 투자가 필요한 과학적 연구는 국가에서 주도하는 경우가 대부분인데, 지구 최대의 입자가속기인 LHC Large Hadron Collider(대형 강입자 충돌기)가 대표적인 예다. 프랑스와 스위스 두 나라를 거치는 국경 지하 50~150미터 깊이에 구현된 LHC는 각종 기기로 27킬로미터의 원형 터널을 구성하는 대형 실험기기로, 초전도체 등 첨단 기술이 집약된 분야다. 여러 나라가 비용을 대고 건설 및 운영하고 있으며 80개국 이상의 과학자들이 협업하면서 인류가 가보지 못한 길을 걷고 있다. 나아가 인간을 포함한 모든 것의 집합인 자연을 이해하는 더 나은 방법을 찾고 인간이 이해한 것들에 대한 검증을 받으려 하고 있다.

LHC가 거둔 성과는 인간의 경계를 확장하는 데 있어서, 어느 기기 이상으로 가치를 증명해왔다. 특히 2012년 7월에 힉스 입자 발견을 공식적으로 발표하면서, 만물의 기본물질과 기본 상호작용들을 설명하고자 하는 표준모형에 신뢰를 더해주었고 질량의 기원에 대한 이해를 구체화했다. 또한 인간은 LHC를 통하여 우주의 생성 초기와 비슷한 환경을 만들어낼 수도 있었다. 모든 것의 기원인 우주의 생성과 진화 그리고 현재의 우주와 미래의 우주에 대해서도 더 구체적으로 알아가는 데 크게 기여했다.

LHC가 극미의 세계를 통해 거시적인 우주에 대한 인식을 확장하며 우주가 창조되던 순간에 근접해가고 있다면, 우주의 더 먼 곳에 대한 인간의 시야를 확장시키는 역할은 우주 망원경이 담당하고 있다. 대표적인 사건 지평선 망원경EHT, Event Horizon Telescope은 지구의 8곳에 분포한 망원경들을 조합하여 지구적인 규모로 블랙홀의 충돌과 빛이 빠져나올 수 없게 되는 경계인 사건 지평선 주변을 관찰하는 장비다. 한국을 비롯한 전 세계 13개 기관 200명 이상의 연구자들로 구성된 연구팀은 우주에서 가장 신비로운 천체인 블랙홀로부터 정보를 취득함으로써, 여태껏 성취한 인간의 지적 체계를 보완할 수 있을 것으로 기대한다. 또한 허블 우주망원경은 가장 크고 쓰임이 많은 우주망원경 중 하나로, 천문학에서 없어서는 안 될 연구 도구이자 공공관계 구축에 도움을 주는 것으로 유명하다. 천문학자 에드윈 허블의 이름에서 딴 허블 우주망원경은 우주 정거장의 궤도인 약 400킬로미터 고도보다 좀 더 높은 약 540킬로미터 고도에서 지구를 돌며 인간의 시야를 130억 년 전의 우주로까지 확장시켰다. 1990년에 발사된 허블 우주망원경을 잇는 다음 세대, 제임스웹 우주망원경은 2021년 발사했다. 각종 첨단 장비와 훨씬 나은 성능으로 무장한 차세대 우주망원경을 통하여 인간은 우주를 더 깊고 자세하게 볼 수 있을 것이며, 이러한 거시적인 혜안은 자연의 근원과 극미의 세계에 대한 이해와 맞닿게 될 것이다.

대규모 투자를 통하여 인간이 무엇을 더 보고 더 알아갈지, 또 얼마나 더 정신적으로 진화하게 될지, 그러한 투자의 가치가 얼마나 될지 판단하기는 어렵다. 하지만 분명한 것은 우리 세대를 넘어서 후대를 위한 커다란 자산이 될 것이라는 사실이다. 과학적 투자가 경제적인 관점 너머에 존재하는 필요불가결의 투자인 이유다.

경제

달콤하고 위험한 레버리지

감당할 수 없는 욕망

✕
✕
✕

부동산업계에 따르면 배우 A는 지난 7월 신사동 빌딩을 160억 원에 계약한 것으로 확인됐다. 이 중 약 120억 원가량을 대출금으로, 나머지 40억 원을 현금으로 샀다. A는 공동명의가 아닌 단독명의로 건물을 구입했다.

우리는 이와 같은 부러운 뉴스를 자주 접한다. 자신의 돈 일부에다 나머지 돈을 대출받아 부동산을 구입했다는 뉴스다. 배우 A 씨는 대출받은 돈을 지렛대 삼아 자신의 돈만으로 투자할 때보다 더 큰 자산을 소유하고, 결국 높은 수익률로 이익을 남기려고 한 것이다.

경제에서 이런 전략을 레버리지효과, 지렛대효과라고 하고 증권사나 금융사 등에서는 '레버리지'를 일으킨다는 표현을 쓴다. 남에게 돈을 빌려 자기자본 이익률을 최대치로 높이는 방법이다. 지금처럼 금리가 낮은 시대에는 본인의 돈에다 낮은 금리로 돈을 끌어와 투자하여 높은 수익률을 거두고 이익을 남기는 방법으로 많이 활용된다.

레버리지leverage란 레버에서 파생된 말로, 한글로는 지렛대라는 뜻이다. 지렛대란 지레 장치를 이용하여 무거운 물건을 힘들이지 않고 쉽게 들어 올릴 수 있는 원리로, 그리스 철학자 아리스토텔레스가 처음 발견했다고 전한다. 경제에서 이 레버리지는 지렛대, 즉 차입을 의미한다. 레버리지효과는 투자가 성공했을 때 이익을 극대화시킬 수 있다. 위의 배우 A씨의 경우 자신의 돈 40억 원을 투자했을 때와 160억 원을 투자했을 때를 비교하면 수익률은 투자한 금액의 비율만큼 커진다.

그러나 반대로 투자가 성공하지 못하면 어떤 일이 벌어질까? 당연히 배우 A씨가 손해를 볼 수 있다. 10퍼센트의 부동산 가격 하락이 있다고 하며, 40억 원에 대한 손해금액과 160억 원에 대한 손해 금액은 크게 차이가 날 수밖에 없다. 이익을 크게 보는 것만큼 손해 또한 커진다.

부동산 가격이 상승할 때 빚을 내서 부동산에 투자하는 사람들이 많다. 그 사람들의 행동에는 부동산이 계속 오를 것이라는 계산이 있다. 대세상승이 멈추게 되고 부동산 가격이 하락하거나, 금리가 오르는 등 악재가 발생하면 반대로 큰 위협이 될 수 있다.

최근의 '하우스푸어'라는 용어도 이런 상황에서 나타난 결과다. 주식에서도 마찬가지의 상황이 벌어질 수 있으며, 기업에서도 타인의 자본을 이용하여 기업이익의 변동성을 확대하는 경우가 있는데, 이런 레버리지효과는 누구에게나 양날의 검이다.

2008년 미국에서 발생한 서브프라임 사태는 바로 이 레버리지를 극대화시켰을 때, 그리고 그 결과가 실패했을 때 그 위기가 얼마나 심각한지를 극명하게 보여준 대표적인 사례다. 개인들의 레버리지효과를 노린 무리한 투자가 모였지만, 나중에 소비가 침체되고, 경기가 둔화되며, 기업 활동은 위축되고 투자자금은 유출되는 등 심각한 경제위기가 이어져 나타난 결과다.

이러한 경제위기 상황을 막기 위해 정부가 어느 정도 시장에 개입하곤 한다. 최근 부동산투기 과열을 막기 위해 정부가 LTV(주택담보 대출비율)를 강화하고 DTI(총부채 상환비율)를 도입하는 것, 부채 비율을 제한하거나 감독하는 것은 레버리지를 잘못 이용하여 나타날 수 있는 위기를 관리하려는 노력이다.

대출은 필요한 자금만큼 최소한으로 하고 최대한 빠른 시일 내에 갚을 수 있어야 한다. 최소의 융자금액, 최소의 상환기간으로 레버리지 관리를 하는 것은 매우 중요하다. 레버리지의 달콤함에 빠져 감당할 수 없는 수준으로 레버리지를 높이는 것은 위험하다. 하우스푸어가 되지 않기 위해서라도 말이다.

10장

화폐

경제

세계의 화폐, 기축통화
교역과 호환성 사이

×
×
×

달러, 엔, 위안, 원, 유로…. 나라마다 화폐의 이름은 다르다. 단위와 발행하는 화폐의 종류도 모두 다르지만, 문명화된 현대사회의 모든 나라들이 화폐를 사용한다는 점은 공통적이다. 그중에서도 세계의 화폐라 불리는 기축통화는 국제결제의 중심이 되는 통화로, 현재 미국의 달러를 지칭한다. 흔히 유로와 엔화도 기축통화라 알고 있지만, 실상 이 두 화폐와 파운드는 준기축 통화에 속한다.

기축통화에 대해 조금 더 들어가보자. 전 세계 국가들이 상거래를 할 때 각자의 돈으로 결제를 한다면 상상만으로도 혼란스러운 상황이 된다. 따라서 중심이 되는, 어느 국가나 통화로 인정하고 받아들일 수 있는 통화가 필요하다. 미국 예일 대학의 트리핀 교수가 처음 명명한 '기축통화'가 바로 그 역할을 하고 있다.

기축통화국이 되기 위해서는 군사적으로 우위에 있어서 전쟁이 일어날 위험이 적어야 한다. 통화 가치의 안정성과 관련되기 때문이다. 또 기축통화 발행국은 다양한 재화나 서비스를 생산하고, 다양한 국가의 통화를 받아들일 만큼 고도로 발달한 외환시장과 금융 자본시장을 갖고 있어야 한다(호환성). 마지막으로 대외 거래에 대한 규제가 없어야 한다. 이 모든 조건을 충족하는 기축통화는 과거 영국의 파운드였으며, 현재 미국의 달러다.

기축통화를 이해하기 위해서는 배경이 되는 '금본위제도'를 알 필요가 있다. 19세기에 들어와 서구 열강들의 식민지 지배가 확대되면서 국가 간 무역의 규모가 커지고 품목도 다양해졌다. 이전까지는 금을 화폐로 사용했지만, 교역의 규모가 커지면서 금의 관리와 운송비 등에 있어 불편함도 커지게 되었다. 이때 영국 등 각국의 중앙은행들이 금을 집중적으로 보유하면서, 금을 기초자산으로 하는, 다시 말해 금이 백그라운드가 되는 종이화폐를 발행하기 시작했다. 바로 '금본위제도'의 시작이다. 19세기 초 영국에서 도입되어 제1차 세계대전 전까지 세계 경제 질서를 주도하던 통화제도였으며, 금본위제도를 바탕으로 탄생한 것이 기축통화다.

앞서 밝혔듯이 최초의 기축통화는 영국의 파운드였다. 전 세계에 걸친 식민지에서 들어오는 막대한 수입으로 영국은 당시까지 세계에서 가장 많은 금을 보유한 부자나라였기 때문이다. 그러나 제1차 세계대전으로 유럽 각국의 경제가 피폐해졌을 때 영국 또한 피해갈 수 없었고, 제2차 세계대전까지 끝났을 때는 식민지를 잃고 국력까지 쇠약해진 상태였다.

이 틈을 탄 미국은 전쟁 특수로 경제가 급성장했다. 세계 경제의 축이 유럽에서 아메리카 대륙으로 기울기 시작했다. 급기야 기축통화의 지위까지 달러화로 넘어가게 된다.

지나온 시간에서 보듯이, 기축통화국의 지위는 영원하지 않다. 최근 들어 미국 달러에 대한 신인도가 예전 같지 않은 등 기축통화로서의 지위가 흔들리고 있지만, 당분간 달러를 대신할만한 강력한 선수가 등장할 것 같지는 않다. 후보로 거론되는 유로화와 중국 위안의 경우 여전히 신뢰도나 만족도, 사용도 면에서 자격 미달이다. 특히 중국 위안화의 경우 국가가 환율을 통제하는 공산국가의 특성 때문에 '대외거래에 대한 규제가 없어야 한다'는 조건을 충족시키지 못한다. 앞으로도 국가의 통치체제를 바꾸기 전에는 쉽지 않아 보인다.

기축통화국의 가장 큰 장점은 돈을 찍어낼 수 있다는 것이다. 그러니 미국에서는 우리가 겪었던 'IMF 경제 위기' 같은 사태가 있을 수 없다. 돈을 찍어서 갚으면 될 테니까. 2007년 미국의 금융위기 때도 그랬다. 마구 돈을 찍어내어 당장의 경제위기를 벗어났던 것. 그러나 이렇게 돈을 찍어내는 일이 좋기만 한 것일까. 교역이 차지하는 비중이 갈수록 커지는 현대사회에서는 화폐의 호환성이 무엇보다 중요한 가치로 떠올랐다. 전 세계가 무역의 대금으로 기축통화인 달러를 사용하는데, 달러가 넘쳐나서 가치가 떨어지면 누가 달러를 사용하겠는가. 반대로 돈을 덜 찍어내면, 달러가 귀해져서 달러로 결제하는 것을 꺼리게 될 것이다. 결국 국제 통화의 안정적 호환성을 위해 미국은 세계의 돈줄이 되어 달러를 계속 찍어내 공급할 수밖에 없다. 그리고 그 결과 미국 내수는 경상수지 적자에 시달리게 된다.

경상수지는 외국에서 벌어들인 돈과 외국에 지불한 돈의 차이를 말한다. 외국에서 벌어들인 돈과 지불한 돈이 일치하는 경우(경상수지균형)가 가장 이상적이지만, 흔치 않다. 대개의 경우 벌어들인 돈이 지출한 돈보다 큰 경상수지흑자이거나, 벌어들인 돈이 지출한 돈보다 적은 경상수지적자 상황이다. 결국 경상수지적자는 국내에서 생산한 소득보다 지출이 크다는 의미. 기축통화국의 위치를 한 나라가 영원히 지속할 수 없는 이유가 바로 이런 만성 경상수지적자 때문이라고 금융 전문가들은 지적한다.

그런데 달러라는 말은 어디서 왔을까. 달러의 어원은 보헤미아의 세인트요아힘스탈 지방에서 시작되었다. 이 골짜기에서 발견된 은광을 '요하임스탈러'의 줄임말 'Thaler'라 불렀는데, 이후 발음이 변화되어 오늘과 같은 'Daler'가 되었다고 한다. 알고 보니 미국과는 상관없이 생겨난 이름인 셈이다. 어찌 보면 미국의 달러는 1785년에 공식 화폐로 인정받은, 200살이 갓 넘은 신상 화폐다. 불과 200년 만에 미국의 달러는 세계의 기축통화가 되었다.

경제

미래의 화폐, 디지털 화폐
시대 속 화폐 이야기

✕
✕
✕

시대에 따라서 화폐는 바뀌고 미래에는 미래의 화폐가 있다. 전문가들은 미래의 화폐로 디지털화폐를 주로 꼽는다. 디지털 화폐와 비슷하지만 조금 다른 '전자화폐'도 있다.

2000년대 초반까지 학자들은 다양한 전자화폐를 상상하고 연구했다. 학자들은 선불형, 후불형 화폐로 구분하기도 하고, 지불 형태의 방식에 따라서 IC카드형이나 네트워크형 등으로 구분하기도 했으며, 종이로 된 수표를 인터넷상에 구현하는 전자수표를 연구하기도 했다. 그러나 기술의 발달은 예측하기 어려운 형태로 진화하는 경우가 많다. 2000년대 중반까지 그 누가 PC를 능가하는 스마트폰 기술문화를 상상이나 했는가 말이다.

신용카드, 교통카드, IC카드 등의 전자화폐는 물리적 화폐가 존재하는 상태에서 금전거래를 전자적으로 편리하게 만든 화폐라고 볼 수 있다. 이에 반해 디지털화폐는 물리적 실체 없이 전자장부에 숫자로만 존재하는 화폐를 가리킨다. 이런 구분이 학자들 사이에서 공인된 것은 아니지만, 아직 연구가 미진한 이 분야를 이해하기 위해 유용한 기준일 것이다. 그리고 디지털화폐는 다시, 중앙은행의 통제를 받는 디지털화폐와 민간 디지털화폐인 가상화폐로 구분해서 생각해볼 수 있다.

중앙은행이 발행하는 디지털화폐는 그 가치가 실제 화폐처럼 일정하도록 관리된다는 점에서 변동성이 큰 비트코인과 같은 '가상화폐'와 구분된다. 첨단 금융 인프라 구축의 역사가 짧으며 또 하루 빨리 자국 중심의 글로벌 결제망을 구축하려는 중국이 디지털 화폐 분야에서 가장 앞서 나가는 나라 중 하나이다.

중국의 디지털화폐는 앱을 다운받고 자신이 거래하는 은행을 클릭한 뒤에 돈을 받아서 디지털 지갑처럼 사용할 수 있도록 되어 있다. 편의점이나 약국에서 이 돈을 쓰려면 전용 QR코드를 스마트폰으로 스캔하기만 하면 된다. 또한 이 앱은 일반 간편 결제 서비스와 달리, 인터넷 연결 없이도 결제가 가능하다. 중국에서는 '부딪쳐봐요'라는 뜻의 "펑이펑"이라고 부르는데, 스마트폰끼리 살짝 부딪치면 돈이 전달되는 특징을 가지고 있다.

다른 나라의 중앙은행들도 디지털 화폐 발행을 가속화하기 시작했다. 페이스북과 같은 거대 소셜미디어 회사들도 자체적인 디지털화폐 발행을 모색하고 있다.

한편 폭발적인 가격 상승으로 주목을 받은 가상화폐도 미래의 화폐로 주목받고 있다. 가상화폐는 주로 블록체인 기술을 기반으로 하며, 기존 화폐와 달리 정부나 중앙은행 등과 같은 공공기관의 개입 없이 개인 간의 신뢰할 수 있는 거래를 보장하는 화폐다. 최대 발행량이 한정되어 있어서 정부가 필요시 더 찍어낼 수 없다.

이것은 곧 화폐의 관리 주체가 없어도 작동한다는 것을 의미하는데, 이럴 경우 누가 비트코인을 만들어내느냐 하는 문제가 있을 수 있다. 비트코인의 경우 '채굴'이라 불리는 방식으로 만드는데, 그것은 컴퓨터로 일정한 방식에 따라 암호화 문제를 풀어서 네트워크에서의 블록을 생성해냄으로써 얻을 수 있게 되어 있다.

가상화폐의 대표주자는 비트코인이다. 사토시 나카모토가 2008년 개발해서 2009년에 공개했다. 비트코인은 국제 송금 수수료가 없고 세계적으로 그 양이 제한적이기 때문에 금과 같이 취급되는 경우도 있었다. 예를 들어 2013년 3월경 경제 위기로 인해 구제 금융을 받게 된 키프로스 정부가 모든 은행의 고액 예금 계좌에서 금액의 40퍼센트까지 강제 징수한다는 발표를 하자 30불이었던 비트코인 가격이 250달러까지 폭등했던 적이 있다.

하지만 비트코인과 같은 가상화폐의 미래는 불확실하다. 2013년 6월 미국 정부는 비트코인을 압류한다고 발표했지만 같은 해 8월, 독일 재무부는 비트코인을 합법적인 화폐로 인정한다고 발표했고, 우리나라는 그해 12월에 비트코인을 화폐로 인정하지 않는다고 발표했다. 대신 이를 가상자산이라고 정의했다. 2015년에 '비트스탬프'라는 비트코인 거래소가 해킹당하는 사건이 터지기도 했다.

블록체인 기술 기반이라서 해킹으로부터 안전하다고 믿었던 가상 자산도 해킹에 속수무책으로 드러나는 것일까. 미국의 블록체인 분석업체의 분석에 따르면 2022년 해킹당한 가상자산 규모가 약 38억 달러(4조 8,697억 원)로 추산된다.

지나치게 큰 변동성 때문에 투자 대상으로 위험성이 뒤따를 수 밖에 없지만, 가상자산 시장은 커지고 있다. 디지털 화폐가 미래의 화폐로 자리를 잡을지 혹은 가상 자산으로 투자 대상으로 남게 될지는 아직 지켜봐야 할 것이다.

경제

최소한의 환율 지식

가장 기본적인 금리 공부

✕
✕
✕

유대인들은 보통 자녀가 열세 살이 되면 성인식(바르 미츠바)을 치른다. 이때 부모는 유대인의 경전 토라, 손목시계 그리고 축하금(중산층의 경우 2,000~3,000만 원 수준)으로 목돈을 준비해 자녀에게 건네주는 전통이 있다. 축하금은 부모 통장이 아니라 자녀의 통장에 넣어둔다. 일반적으로 학자금으로 쓰기 위해 적립해 두거나 펀드에 가입해 운영하게 된다.

이처럼 어릴 때 적지 않은 현금을 손에 쥐어본 유대인들은 성장하면서 돈이 어떻게 불어나는지를 체감하게 된다. 가족들이 한자리에 모이면 자연스럽게 돈과 투자를 주제로 이야기꽃을 피우게 된다. 유대인들은 돈이 스스로 일하도록 하는 방법을 어릴 때부터 스스로 깨우치는 것이다. 금융 전문가들은 유대인이 세계의 부를 거머쥐고 영향력을 펼치는 배경에는 어릴 때부터 시작하는 '밥상머리' 경제교육이 주효했다고 입을 모은다.

경제 교육의 기본 지식 중에 금리와 환율을 빼놓을 수 없다. 금리는 한마디로 돈값이다. 시장에서 물건을 사고 팔 때 물건마다 값을 매기듯이 돈을 주고받는 금융시장에서도 가격이 형성되어 있는데 이것을 금리라고 한다. 금융시장에서 자금 수요자가 공급자에게 빌려준 대가로 지급하는 이자금액, 이자율이 곧 금리다.

금융이 원활하면 경제활동에 참가하는 거래자들에게 유리하다. 돈을 빌리는 쪽은 사업 등 벌이에 필요한 돈을 구할 수 있고, 빌려주는 쪽은 돈을 빌려준 대가로 이자를 받으니 일거양득이다. '지구촌'이라는 하나의 단위로 경제가 묶이면서 돈거래에는 국경이 없어졌다. 우리나라의 금리가 다른 나라보다 높으면 외국의 자본이 한국의 금융시장에 몰려온다. 상대적으로 높은 이자를 받을 수 있기 때문이다. 반대로 금리가 떨어지면 우리나라에서 돈을 회수하게 될 것이다.

여기서 알아야 할 것이 환율이다. 환율은 외환, 즉 외국 돈을 맞바꿀 때 적용하는 교환율이다. 그 기준은 미국 달러다. 세계가 미 달러를 국제 상거래에서 가장 중요한 결제 수단으로 쓰기 때문이다. 그래서 미 달러를 기축통화라고 한다.

언제부터 미 달러가 기축통화가 되었을까. 제2차 세계대전 이후 황폐해진 유럽의 동맹국 재건을 위한 미국이 마셜 플랜(공식 명칭은 유럽 부흥 계획), 즉 무상원조를 실시하면서 미 달러가 영국 파운드를 제치고 기축통화의 자리에 올라선 것이다. 만약 중국이 세계적인 경제 중심국이 된다면 위안이 기축통화가 될 수 있을 것이다.

환율은 그 나라 돈의 대외가치를 알 수 있는 기준이다. 원화의 가치를 알고 싶으면 미국 달러와 얼마에 바꿀 수 있는지를 비교해보면 된다. 외환이 한국 금융시장에 몰려오면 달러가 넘치게 되는데, 이때 우리나라는 환율이 하락하게 된다. 금리와 환율은 같이 움직인다고 봐야 한다. 수시로 변동하는 환율에 따라 돈 가치(통화 시세)도 변할 수밖에 없다. 원화와 미 달러의 환율변동에 따라 원화와 달러의 대외가치도 바뀐다. 외화 대비 원 환율이 내리면 원화로 외화 한 단위를 사는 데 드는 액수가 줄어든다. 그만큼 원화는 외화에 비해 값이 오르고 외화는 원화에 비해 가치가 떨어진다. 반대로 원화의 환율이 오르면 외화 한 단위를 사는 원화 액수가 늘어난다. 그만큼 원화는 외화에 비해 가치가 떨어지고 외화는 원화에 비해 가치가 오른다.

글로벌 금융시장에서 금융과 실물 투자를 위한 조건으로 국가의 안전성과 신뢰 수준을 최우선으로 꼽는다. 국가의 신용도가 중요한 이유다. 우리나라는 1997년 외환위기를 겪으면서 국가 신용도가 A3에서 aa2로 추락했다. 외환위기 이전으로 국가 신용도가 회복하는 데 약 15년이 걸렸다.

경제

미국 연방준비제도의 힘
세계 경제 대통령은 누구인가

✕
✕
✕

세계 경제 대통령은 누구일까? 미국 연방준비제도이사회FRB의 의장을 일컫는 말이다. 제2차 세계대전 이후 미국과 세계 경제의 역사에서 FRB 의장이 그 중심에 있었기 때문이다. 통화정책을 두고 미행정부와 밀고 당기는 싸움에서 FRB 의장의 판단이 옳았다는 경험 때문이다.

세계 각국에는 화폐를 발행하고 물가를 안정시키는 중앙은행이 있다. 한국의 한국은행처럼 대부분 나라의 중앙은행은 국가가 관리하지만 미국은 미국은행이 있는 것이 아니라 1913년에 창설된 '연방준비제도Federal Reserve System'라는 민간기관이 중앙은행의 기능을 수행한다. 1907년 경제공황이 발생하자 위기를 극복하기 위하여 미국 정부의 국채를 JP모건 등 대형 금융회사들이 매수하는 형태의 중앙관리시스템이 만들어졌고, 1913년 연방준비법이 통과되면서 미국 정부와 JP모건 등 민간금융회사가 함께 지분을 가진 사립은행 형태의 독특한 중앙기관을 만들게 되었다.

연방준비제도라는 특이한 제도는 미국인이 가진 중앙정부에 대한 불신에서 시작되었다. 영국으로부터 독립하기 전 미국인들은 영국 중앙정부의 간섭을 받았으며, 독립전쟁 후 자유를 찾게 된 미국인들은 권력이 한 곳으로 집중되는 것에 민감하게 반응했다. 특히 돈을 관리하는 은행이 정부의 소유가 되고 그 은행이 정부의 입맛에 따라 움직이는 것을 견제할 필요가 있다는 주장에 따라 민간이 소유하는 중앙은행이 탄생한 것이다. 그리고 이마저도 권력이 한 곳에 집중되지 못하게 연방준비제도이사회, 연방공개시장위원회FOMC, 그리고 각 지역별 연방준비은행Federal Reserve Bank 등으로 복잡한 구조를 갖는 연방준비제도를 갖게 되었다.

미국의 각 지역별로 설립된 12개의 연방준비제도 소속 은행들을 연방준비은행FRB라고 부르는데, 우리나라에서는 FRB가 연방준비제도와 같은 의미로 사용되는 경우가 많다. 현재 JP모건 등 민간은행이 12개의 연방준비은행의 지분을 100퍼센트 소유하고 있으며, 정부는 전혀 지분을 소유하고 있지 않다. 미국 정부는 민간기업인 연방준비제도로부터 대가를 지불하고 달러를 빌려오는 형식으로 화폐를 조달하고 있는 셈이다.

연방준비제도는 대통령이 임명하고 상원이 승인한 이사 7명으로 이루어진 연방준비제도이사회에 의해 운영되며, 중앙정부로부터 철저하게 독립성을 보장받고 있다. 이사의 임기는 14년이고 재임은 불가능하며 2년마다 1명씩 교체한다. 한국의 한국 은행의 총재와 부총재에 해당하는 이사회의 의장과 부의장은 대통령이 임명하며 이사회 이사 중에서 선출한다. 의장과 부의장의 임기는 4년이며 재임이 불가능한 이사회 이사와는 달리 중임이 가능하다. 가장 유명했던 의장인 앨런 그린스펀은 1987년 주가폭락 사태를 단기간에 회복시키는 데 기여한 것으로 평가되어 그 이후 2006년까지 4차례나 의장직을 역임했다. 무려 20여 년간 세계경제가 그의 결정에 따라 좌지우지된 것이다. 이후 2018년 공화당 출신의 제롬 파월이 의장으로 선출되었다. 이곳에서 달러화의 발행, 지급준비율 변경, 주식거래에 대한 신용규제, 가맹 은행의 정기예금 금리 규제, 연방준비은행의 재할인율 등을 결정한다.

미국은 세계유일의 초강대국이며, 달러화가 세계 기축통화로 쓰이는 만큼 이곳에서 내리는 결정은 미국은 물론 전 세계의 경제 전반에 영향을 미칠 수밖에 없으며, 연방준비제도 이사회 의장은 세계의 경제 대통령으로 불리기도 한다. 특히 연방준비제도의 주요 업무 중 하나인 금리 결정은 우리나라를 비롯한 세계 경제에 큰 영향을 미친다. 한국은행도 연방준비제도의 금리 결정에 따라 기준금리를 결정하며, 이 기준금리는 예금금리와 대출금리 등 우리 삶에도 밀접하게 영향을 주게 된다.

경제

IMF 국가부도의 전말
떠다니는 현금의 비극

✕
✕
✕

정부는 최근 겪고 있는 금융·외환시장에서의 어려움을 극복하기
위하여 국제통화기금IMF에 유동성 조절자금을 지원해줄 것을 요
청하기로 결정했습니다. 그간 정부는 IMF 측과 여러 경로를 통해
협의하여왔으며, IMF 측으로부터 한국이 지원요청을 해올 경우
적극 지원하겠다는 약속을 받은 바 있습니다.

1997년 11월 21일 밤 10시, 임창렬 부총리 겸 재정경제원장관
은 긴급 기자회견을 열고 국민들 앞에 이같이 밝혔다. 국가부도
의 날이다. IMF로부터 구제 금융을 받기로 했다는 발표 이후 가
장 믿을만하다고 여겼던 은행마저 파산을 선고했을 만큼 국가 경
제는 심각한 위기에 처했다.

3개월 만에 실업자 수가 사상 첫 100만 명(123만 5,000명)에 육박했고, 국민들은 장롱에 보관해둔 자녀의 돌반지까지 들고 나와 KBS가 주최한 금 모으기에 동참했다. 지금도 국가적 트라우마로 남아 있는 1997년 IMF 외환위기는 어떻게 터진 것일까. 왜 국가는 유동성 조절에 실패했을까.

경제에서 유동성liquidity이란 현금화의 유연성 정도를 의미한다. 얼마나 쉽고 빠르게 현금으로 바꿀 수 있느냐를 의미하는 말이다. 현금이 곧 유동성이라는 의미다. 수표, 신용카드 등 신용을 담보로 현금 대신 사용하지만 현금만큼 이용하기가 쉽지는 않다. 다만 같은 현금이라도 내 수중에 있지 않고 남에게 빌려주었다면 그 현금은 유동성이 떨어진다. 갑자기 현금이 필요해서 되돌려 받으려 해도 절차와 시간이 필요하기 때문이다. 금융시장에서 돈을 빌려줄 때 이자를 받는 것은 위험 요소를 보상하기 위한 관행이다. 빌려준 현금을 되돌려 받기에 위험요소가 크면 클수록 이자는 높아질 수밖에 없다. 위험성이 커서 추가하는 금리를 유동성 프리미엄이라 한다.

국가 간 금융거래에서는 유동성이 복잡해진다. 수출과 수입으로 그리고 금융투자를 위해 자본이 오가기 때문이다. 여기에 돈값이 나라마다 다르기 때문에 외환도 고려해야 한다. 외환의 기준은 달러다. 달러의 환율과 나라마다 금융정책이 달라지고 게다가 경기가 하락곡선을 그릴 때 자칫 외환으로 인한 경제 위기에 빠질 수 있다. 그래서 늘 세계화폐의 기준이 되는 달러를 일정 부분 국가의 금고에 보관해 위기를 대처할 수 있어야 한다. 글로벌 경제에서 유동성은 달러라는 현금을 얼마나 자유롭게 이용할 수 있는가에 달려 있다.

'국가부도의 날' 즈음으로 돌아가보자. 1970년대 오일쇼크의 위기를 넘어 1980년대 우리나라의 경기는 곧 회복되었다. 1980년대에 이르자 금리, 유가, 원화의 시세가 낮아지는 이른바 3저 호황을 맞았다. 국제 금리가 낮아져 자금융통에 부담이 줄어든 기업은 투자와 생산을 늘릴 수 있었고, 공산품의 필수원료인 유가가 떨어지니 원가가 낮아져 더 많은 제품을 더 싸게 만들 수 있었다. 또 원화의 시세가 외화보다 낮아지니 수출도 활기를 띠었다. 특히 1980년대 후반 미국 경제가 위기를 겪자 환율로 이를 막기 시작했다. 당시 잘 나가던 일본의 엔화가 폭등한 것이 원(₩) 저 현상의 배후 요인으로 작용했다. 1985년 엔화 평균시세가 미달러 당 240엔 정도였는데, 1988년 120엔대가 된 것이다.

엔저 호황에 취해 있던 한국 기업은 미래를 준비하는 데 소홀했다. 3저 호황으로 쉽게 번 돈으로 본업에 충실하기보다 주식과 부동산에 투자하기 바빴던 것. 수익 위주의 경영보다 외형 위주 경영이 위기를 자초했다. 덩치만 커진 기업이 불황에 고꾸라진 것이다. 한국호에 돛을 달아준 3저는 1990년대 후에는 국면이 바뀌었다. 미국 경기가 다시 활기를 띠면서 달러 시세가 오르고 엔 시세가 내려간 것이다. 엔 시세가 하락하자 일제 수출품 가격 하락 효과로 수출이 증가하자 국산품의 수출이 줄어들 수밖에 없었다. 이후 3년간 엔 시세는 하락세를 유지했다. 대표 수출품이었던 반도체, 철강은 재고가 쌓여갔고, 기업은 은행 빚을 갚지 못해 부도 위기에 내몰렸다. 1997년 결국 재벌의 연쇄부도 사태가 벌어졌다. 한보철강, 삼미그룹, 진로그룹, 대우그룹, 기아 등이 부도가 났다. 30대 재벌 중 절반이 삽시간에 분해됐다. 재벌에게 거금을 떼인 은행도 줄도산을 피하지 못했다. 결국 국가가 부도 선언을 한 것이다.

외환위기는 외국과의 거래에 필요한 외환이 부족해 국민경제가 거래 중단 위기에 빠지는 사태를 말한다. 1977년 연말에는 대외 단기부채를 갚는 데 필요한 외환 보유고가 부족했다. 원화 폭락 탓에 달러 부족현상은 더욱 심각해지고 외국 자본은 곧 닥쳐올 외환위기를 감지하고 우리나라에 투자해둔 자산을 달러로 바꿔 떠났다. 원화 시세의 추락은 불 보듯 했다. 다급해진 정부가 일본과 미국 등에 긴급 달러 융자를 간청했지만 퇴짜를 맞았다. 이미 진 빚도 갚지 못하는 마당에 추가 융자라니. 남은 카드는 IMF밖에 없었다. 당시 IMF는 한국정부에 급격한 구조조정 권고를 조건으로 급전을 빌려주기로 한 것이다.

IMF 외환위기는 경제가 정치와 결탁해 밀어주고 끌어주는 과정에서 벌어진 탓에 당시 대기업 경영진은 "우리가 무너지면 나라가 무너진다"며 은행에 끊임없이 자금을 빌려갔다. 기업 경영자로서 본업에 충실하기보다 몸집 부풀리기를 하면서 안하무인격이었던 대기업이 도덕적 해이로 도마 위에 오른 이유다. 자본가를 감시하고 견제하지 않는 자본주의는 언제든 자본가(유산계급)에 의해 노동자(무산계급)가 위기를 겪게 된다는 사실을 재차 확인해준 사건이다.

11장

수입

사회

돈이 돈을 버는 마태효과

모두가 불안한 쏠림 현상

✕
✕
✕

무릇 있는 자는 더욱 받아 풍족하게 되고, 없는 자는 있는 것까지
도 빼앗기리라.

《신약성서》마태복음 13장 12절과 25장 29절에 나오는 문구
다. 용이 나던 개천은 씨가 마른 지 오래고, 돈과 명예는 있는 자
에게 몰린다. 돈이 돈을 벌고, 세상 모든 영광은 일종의 쏠림현상
처럼 유명인에게 돌아간다. 무릇 있는 자는 더더욱 풍족하게 되
고, 없는 자는 있는 것마저 빼앗기리라 예언하지 않았던가. 부익
부 빈익빈, 이것이 '마태효과Matthew Effect'다.

극도로 현실적인 상황을 표현하는 용어를 성경에서 가져오는
기개는 어디서 온 걸까. 미국의 사회학자이자 컬럼비아 대학 교

수인 로버트 킹 머튼은 자본주의 사회에서 일어나고 있는 부의 집중 현상을 설명하며 마태복음의 이 문구를 언급했다. 1969년 그의 저서 《과학사회학》에서 최초로 언급되었는데, 저서의 이름에서 알 수 있듯이 애초에는 과학자들 사이에서 일어나는 현상을 설명하기 위한 것이었다. 즉, 많은 과학적 성과물이 명망을 획득한 특별한 과학자들에게 집중되는 불균등한 현상을 말하는 것이었다. 이미 명성을 얻고 있는 과학자의 경우 많은 후배 과학자들과 공동연구를 하더라도 그 공은 모두 유명한 과학자에게 돌아가는, 일종의 '승자독식'에 대한 비판이었다.

이후 시카고 대학의 통계학 교수인 스티븐 스티글러는 이를 좀 더 발전시켜 '스티글러의 명명법칙'이라는 이름으로 정립했다. 크고 작은 과학적 성과물들이 원래 발견자의 이름과는 무관하게, 공동 연구자들 가운데 이미 명성이 높은 사람의 이름이 붙여지는 현실을 꼬집었다. 그리고 자신의 연구 역시 마태효과 중 하나라고 밝혔다. 마태효과를 연구한 원 저작권자는 머튼 교수임을 분명히 한 것이다. 훗날 우리가 마태효과를 '스티글러 효과' 또는 '머튼 효과'라고 부르게 될 지도 모르겠다. 두 사람 중 누가 더 유명해지느냐에 따라 말이다.

시간이 갈수록 마태효과는 과학뿐 아니라 모든 분야에서 일어나는 '불평등의 계층화'를 설명하는 용어로 자리 잡았다. 돈을 벌 기회는 돈이 있는 사람에게 더 많이 열리고, 비싼 부동산일수록 더 많이 오르며, 유명 연예인일수록 더 많은 작업 제안이 오는 등 거의 모든 분야에서 마태효과는 거듭되고 있다.

'성공을 하기 위해서는 성공하는 것이 가장 확실하다'는 미국 속담처럼, 베스트셀러가 되기 위해서는 무슨 수를 써서라도 일단 베스트셀러 리스트에 이름을 올려야 한다. 더 큰 부자가 되기 위해서는 부자가 되어야 하고, 이들 사이에 낀 가난한 사람들은 있는 것마저 잃을 위기에 처하고 만다. 개인뿐 아니라 기업과 국가 간의 관계에서도 예외는 없어 보인다. 이미 시장을 점유하고 있는 대기업의 제품이 브랜드 파워를 배경으로 더 잘 팔리고, 선진국과 후진국 간의 극심한 소득 격차는 교육, 정보, 언어, 디지털에 의해 더 확대되고 있다. 코로나19가 지구를 한 바퀴 휘감은 2020년의 팬데믹 국면에서도 마태효과는 유감없이 발휘되었다. 전 세계 백신의 80퍼센트를 20퍼센트의 선진국들이 독점하는 현상을 목도하지 않았던가.

이처럼 한정된 자원의 독점 효과가 커지면, 사람들은 불안함을 느끼게 된다. WTO에서 백신의 공평한 배분을 위해 선진국들의 자제를 당부하고 호소했던 것처럼, 개별 정부 역시 소득재분배 정책이나 기회 균등화 대책을 강구해야 한다. 궁지에 몰린 쥐가 고양이를 물 듯이, 궁지에 몰린 사람들이 가진 것마저 빼앗기지 않기 위해 선택할 수 있는 행동들이 사회를 불안으로 몰아넣기 전에 말이다.

생애주기가설 vs 항상소득가설
소비는 어떻게 결정되는가

✕
✕
✕

소비는 사람들이 자신의 생존과 행복을 위해 재화나 서비스를 사용하는 행위를 말한다. 삶을 영위하기 위해서는 절대적으로 소비가 이루어져야 하지만, 무한정 소비를 할 수는 없다. 개인이 벌어들이는 소득의 크기에 따라 소비는 당연히 제약을 받기 때문이다. 소비를 늘리려면 소득이 늘어나야만 한다. 결국 소비는 소득의 함수이며 소득을 어떻게 정의하느냐에 따라 소비가 결정되는데, 소비가 어떻게 결정되는지를 설명하는 대표적인 이론으로 생애주기가설과 항상소득가설이 있다.

안도, 모딜리아니, 부름버그 등의 학자들에 의해 1950년대 발표된 소비이론인 생애주기가설은 개인의 소비는 평생소득에 의존한다는 사실에 기초하여 사람들의 소득이 높은 시기부터 소득이 낮은 시기까지 고려하여 소비가 이루어진다고 보았다. 젊을 때는 소득이 적지만 일정 연령대에 이르러 소득이 절정에 이르는 등 연령에 따라 소득 수준이 다르기 때문에 사람들이 시기별로 어떻게 소비하고 저축하는가를 살펴본 것이다.

일반적으로 소비자는 일생 동안 일정한 소비를 유지하기 위해 소비에 비해 소득이 적은 유년기와 노년기에는 (-)의 저축을 하고, 소비에 비해 소득이 많은 중년기에는 (+)의 저축을 한다. 중년기에는 반드시 통장의 잔고가 있어야 어린 자녀들과 노후의 자신을 위해 생애 계획을 세울 수 있다. 대부분의 사람들의 소득은 전 생애에 걸쳐 고르지 않고 불안정하기 때문에 사람들은 대체로 남은 평생을 염두에 두고 현재의 소비를 결정할 수밖에 없다. 결국 사람들은 남은 생을 통해 얻을 수 있을 것으로 예상되는 소득이 크면 그에 따라 소비도 많이 하고, 예상되는 소득이 낮으면 소비는 당연히 줄어들 수밖에 없다.

현재 소비와 미래 소비에 대한 소비자의 시간 선호와 예상 수명에 따라 소비와 저축에 대한 의사결정이 달라질 수도 있다. 따라서 이런 입장에서는 현재 소득뿐만 아니라 자산과 미래 기대소득이 영향을 미치기 때문에 소득과 자산의 미래 가치를 결정하는 이자율에 민감할 수밖에 없다.

생애주기이론을 받아들일 경우, 소비 수준을 소득 수준 변화에 맞추어 변화시키는 것보다 소비 수준을 일정하게 유지하는 경우에 효용이 더 커진다. 청년기에는 미리 대출을 받아 소득보다 높은 소비 수준을 유지하고, 중장년기에는 청년기의 부채를 갚고, 노년기를 대비하여 저축하면서 소득보다 낮은 소비 수준을 유지하며, 노년기에는 다시 중장년기에 마련한 저축을 이용하여 소득보다 높은 소비 수준을 유지하는 것이 합리적일 수 있다.

한편, 1957년 밀턴 프리드먼은 생애소득가설을 보완하여 개인의 소득이 무작위적이며 일시적으로 변할 수 있다는 점을 전제로 한 항상소득가설을 제시했다.

항상소득가설은 실질소득을 정기적이고 확실한 수입인 항상소득과 임시수입으로 변동성이 큰 임시소득으로 나누고 소비도 항상소비와 변동소비로 나누어 실질소득 가운데 항상 소득의 비율이 클수록 소비 성향이 높고, 임시 소득의 비율이 클수록 저축 성향이 높아진다고 했다.

임시소득은 저축으로 가는 경향이 강해 오직 항구적인 성격의 항상소득만이 소비에 영향을 미친다. 여기서 항상소득은 한 가구의 재화와 서비스 구입능력을 좌우하는 정상적 소득을 의미하며, 항상소득이 늘어나는 만큼 소비도 그만큼 늘어난다.

이 두 이론은 케인스의 절대소득가설의 한계를 극복하기 위해 제시된 것으로, 소비가 현재의 처분 가능 소득에 의해서만 결정되는 것이 아니라는 점을 보여주고 있다.

생애주기가설은 인간의 합리적 사고와 합리적 행동이 전제되고 있다. 미래의 소비를 위해 현재를 희생해야 한다는 것을 사람들은 이미 잘 알고 있고 이를 실행할 인내력도 갖고 있다는 것이다. 자신이 앞으로 살아갈 전체 일생을 고려해서 소득과 자산의 총량을 고려하여 소비수준이 결정된다는 것이다.

반면에 항상소득가설은 먹고 사는 돈과 소비재를 구입하는 돈을 구분하여 실질소득 가운데 먹고사는 돈인 항상소득의 비율이 클수록 소비성향이 높다고 한 것이다. 케인즈는 보너스(임시변동소득)을 받으면 돈도 많이 쓸 거라고 생각(절대소득가설)했는데 항상소득가설에서는 보너스를 받으면 그것으로 핸드폰, 냉장고 등 내구소비재를 장만하지 원래 쓰던 돈을 많이 쓰는 것은 아니라고 본 것이다.

이런 관점에서 보면 경기부양을 위해 일시적으로 세금을 낮춰 준다고 해도 항상소득에 변화를 주지 못하기 때문에 케인즈가 믿었던 단기재정정책 등은 효과가 없다고 본 것이다.

중년기에는 반드시 통장의 잔고를 충분히 유지해야 어린 자녀와 노후의 자신을 위한 생애계획을 세울 수 있다는 생애주기가설과 일정한 소득이 있어야 일정한 소비를 할 수 있고, 일정한 소득이 없으면 저축을 많이 해야 한다는 항상소득가설은 각각 설득력 있는 부분이 있다. 나의 소비성향을 잘 설명하는 것은 어떤 입장일까?

경제

가성비와 가심비
나는 무엇에 만족하는가

✕
✕
✕

물건을 구입할 때 가격 대비 성능을 고려하는가, 아니면 가격 대비 만족을 추구하는가? 가격 대비 성능을 소위 가성비라고 하고, 가격 대비 마음의 만족을 추구하는 것을 가심비라고 한다.

우리가 소비하는 대부분의 분야에서 가격 대비 성능이 우수한 제품을 찾아 소비해왔다. 같은 성능의 물건이 있다면 당연히 저렴하면서도 품질 좋은 제품은 선택하는 것이 합리적이고 논리적인 소비 행태이다. 저렴하면서도 괜찮은 마트의 와인, 명품 브랜드와 비슷한 기능성을 가진 저렴함 브랜드의 화장품, 유통단계를 줄여 가격을 낮춘 브랜드 의류 등은 적정한 품질에 합리적인 가격을 제공하여 소비자로 하여금 가성비 관점에서 지갑을 열게 했다. 또한 가성비와 비슷한 개념으로 가용비도 인기였다. 식품 및 뷰티업계에는 기존 제품 대비 용량은 1.5~3배로 늘었지만 가격 상승률은 낮춰 경제적인 빅사이즈 상품을 내놓았다.

그런데 포미For Me족, 욜로YOLO족, 1인 가족의 등장으로 '나'를 위한 삶을 추구하는 사람들이 늘어나면서 어느 순간, 가격이나 성능 이전에 '내게 얼마나 만족을 주는가'가 또 다른 소비의 기준이 되었다. 이처럼 가심비를 중요하게 생각하는 사람들은 조금 비싸더라도 자신을 위해 가격에 구애받지 않고 차별화된 매력을 가진 그 물건을 선택하거나 자신의 행복이나 즐거움을 줄 수 있는 서비스를 이용한다는 것이다.

이제 새로운 제품이 나오면 단순히 그 제품의 성능만을 따지던 시대에서 가격에 대비해서 어느 정도 만족하는지로 소비가 이루어지는 시대로 넘어가고 있다. 구매자의 심리적 만족에 따라 소비가 좌우된다는 것인데, 가심비를 추구하는 소비자들은 가격이나 품질 이전에 나의 소비가 내게 만족감이나 즐거움과 같은 심리적 효용이 큰 방향으로 소비하게 된다.

특히 이제 막 사회에 진입한 20~30대 젊은 층과 워라밸을 중시하는 직장인들을 중심으로 가심비 트렌드가 확산되고 있는 이유는 무엇일까?

《트렌드 코리아》는 사람들이 불신, 불안, 불황이라는 3불 현상에 시달리게 되면서 발생한 현상이라고 했다. 취업문제, 빈부격차 등 삶의 질을 떨어뜨리는 문제로 인해 사람들은 심리적 안정을 보다 중시하게 된다는 것이다. 스트레스를 많이 받는 현대인에게 적용되는 트렌드인 셈인데, 소비를 통해 스트레스나 우울함을 해소하기 위한 목적이 있다는 것이다.

이들이 가심비를 중요하게 생각하는 이유는 업무 스트레스에 대한 보상으로 해외여행을 즐기고, 남들보다 개성 있는 물건이나 글로벌 이슈 상품을 갖기 위해 해외직구를 일상적으로 이용하며, 취미생활을 위해 드론이나 영상캠 같은 고가품도 기꺼이 구입한다. 또한 이와 더불어 삶의 가치관도 중요하게 생각하는 이들 워라밸 세대는 학업, 취미, 운동, 취향 등에 자신만의 소비를 늘려나가는 경향이 있다.

자신이 좋아하는 게임 캐릭터, 아이돌 등 특정인물과 관련된 굿즈를 과감하게 구입하는 이들에게 가심비 소비는 기분전환과 만족감을 가져다준다. 인형 뽑기를 승부로 보고 현금을 모두 소진해도 즐겼으니 괜찮다고 위안하며, 다이소 같은 저가 상품 매장에서 물건을 대량 구매하면서 '적은 돈이지만 마음껏 썼다'라는 만족감을 얻는다. 이들에게 이런 소비에 사용한 돈은 자신을 위로하는 효과가 있다.

가심비 트렌드는 안전과 건강 분야에서도 볼 수 있다. 살충제 계란, 햄버거병 파동, 유해물질 생리대, 미세먼지 등 화학물질에 대한 염려로 비싼 비용을 지불하더라도 안정성이 입증되거나 건강을 위한 상품을 찾는다. 식품에서도 자신의 건강을 위해서라면 비싼 제품에 선뜻 지갑을 연다. 이외에도 착한 소비로 불리는 윤리적 소비도 가심비의 일종이다. 수익금이 의미 있는 곳에 사용된다면 기꺼이 소비하여 본인 스스로 윤리적인 소비를 했다는 심리적 만족을 느낄 수 있다.

가심비 트렌드는 일상에서 작지만 확실한 행복을 추구하고 한 번 사는 소중한 인생을 만족감 높은 소비로 즐겁게 살자는 생각이 그 밑바탕에 깔려 있다. 힘들고 어려운 세상을 살아가는 세대에게 이러한 소비는 공허한 마음을 달래주는 기능을 한다. 가성비에 비해 비논리적이고 비합리적인 선택으로 보여지는 측면이 있지만 "비싸지만 그만큼 좋았다" "꼭 필요한 물건은 아니지만 좋은 일을 했으니까" "그동안 아꼈으니까 이 정도는 괜찮아"라는 생각이 가심비라는 하나의 트렌드를 이루고 있다.

지금까지 소비의 기준이 가격과 품질의 관계 속에서 결정되던 것이었다면, 이제는 소비자의 주관적인 판단이 소비의 중심이 되고 있다.

경제

신용평가기관의 이모저모

누가 신용을 평가하는가

✕
✕
✕

경제기사에서 흔히 보는 A+(A1), BBB+(Baa1), BB+(Ba1) 같은 알파벳은 신용평가기관이 채권의 신용등급을 알려주는 기호다. 신용평가기관은 채권을 발행하는 기업이나 금융회사의 재무상황과 경제적 환경 등을 고려하여 채권 발행자의 신용을 '일정한 기호'로 표시하여 등급으로 평가한다.

신용평가기관은 신용평가를 의뢰한 채권 발행사로부터 수수료를 받고 이러한 평가 결과를 제공한다. 채권발행을 하고 싶은 기업이 수수료를 지불하고 신용평가를 의뢰하는 이유는 신용등급이 매겨져 있어야 시장으로부터 투자를 유치할 수 있기 때문이다. 이때 표시하는 일정한 기호를 신용등급이라 하며, 평가대상이 내포하고 있는 신용 위험에 대한 분석기간이 1년 이상 장기인가 1년 미만인 단기인가에 따라 장기신용등급과 단기신용등급으로 구분된다. 결국 투자는 신용평가기관마다 다르게 표기되지만 대부분 알파벳으로 표기하는 신용등급(투자등급)과 투기등급(비투자등급)에 따라 결정된다.

이들 신용평가기관은 채권발행기업의 상환능력과 부도 확률에 따라 AAA, AA 등의 등급을 매겨 투자등급과 투기등급 그리고 상환불능 상태 등의 신용을 평가한다. 신용도가 높은 채권은 부도확률이 낮기 때문에 적은 이자를 지불하면서도 자금을 조달할 수 있다. 이 때문에 각 기업들은 최대한 우량 등급을 유지하기 위해 노력한다. 국내의 대표적인 신용평가기관으로 한국기업평가, NICE신용평가, 한국신용평가 등이 있다.

기업마다 신용등급이 있듯이, 국가에도 신용등급이 있다. 국가도 기업과 마찬가지로 신용등급이 높으면 여러 기관들로부터 자금을 조달하기 쉽고, 해외투자자들의 투자 가능성도 높아지기 때문이다. 국가도 기업처럼 필요한 자금을 조달하기 위해 채권을 발행하는데, 신용등급은 국가 채권의 신용도를 결정하는 역할로 사용된다. 그렇다면 엄청난 규모의 국가들을 평가하는 역할을 하는 곳은 어디일까?

무디스, S&P, 피치 등이 국가신용등급을 평가하는 대표적인 기관이다. 물론 이외에도 국가신용등급을 평가하는 기관이 있지만 점유율이 미미하여, 이 3개 기관이 95퍼센트 이상 평가를 담당하고 이중에서도 무디스와 S&P가 대표적이다.

이들 3개 신용평기기관은 국가신용등급을 장기와 단기로 구분하여 각각의 방식대로 국가신용등급을 평가한다. 이런 등급 기준을 나눌 때 참고하는 자료는 매우 다양하다. 경제성장률이나 잠재성장률, 외환보유액이나 외채구조, 재정건전성, 금융 및 기업부문 경쟁력, 노동시장 유연성, 소득수준 및 분포, 인플레이션, 공공부채, 대외부채 불이행 경험 같은 경제적 요소뿐만 아니라 정치적 안정성과 안보위험 등의 지정학적 위험도도 참고한다.

미국의 신용평가회사 무디스는 1900년 존 무디가 설립한 회사다. 1929년 경제대공황 당시 대공황이 터지기 직전 무디스가 투자적격등급으로 발표한 회사들만 대공황 때 파산하지 않고 살아남은 것이 이슈가 되면서 유명해지기 시작했다. 무디스가 발표하는 국가신용등급에 따라 해외투자자들의 개별 국가의 투자가 결정되기 때문에 무디스의 신용평가가 국제경제에 미치는 영향은 매우 크다. 무디스는 신용평가절차 가이드를 토대로 국가신용등급을 21개의 장기신용등급, 4개의 단기신용등급으로 구분하여 그 신용등급을 평가한다.

S&P는 1860년 헨리 바넘 푸어가 초석을 놓았다. 그는 철도회사들에 대한 기업분석을 담은 책을 출판한 이후 성공을 거두자 1864년 아들과 함께 'H.V and H.W. Poor Co.'라는 회사를 설립했는데, 이후 루서 리 블레이크가 일반기업에 대한 재무정보 기관으로 설립한 'Standard Statistics Bureau'와 1941년 합병하여 오늘날의 모습으로 설립되었다. 현재는 미국 최대 출판회사인 맥그루우힐 출판사에 인수되어 자회사로 있다.

S&P의 등급체계는 무디스와 흡사하나 약간의 차이가 있으며,

다른 피치나 무디스에 비해 정치적 요소를 등급산정에 비교적 많이 반영하는 것으로 알려져 있다. S&P는 22개의 장기등급과 6개의 단기등급으로 국가신용등급을 분류한다.

마지막으로, 피치는 1914년 존 놀스 피치가 뉴욕에 설립한 신용평가회사가 1997년 영국 런던의 IBCA와 합병하여 현재에 이르고 있다. 피치의 신용평가는 12개의 장기등급과 6개의 단기등급으로 국가신용등급을 구분하고 있으며, 무디스와 S&P 보다 정치적 위험도를 크게 고려하지 않는 것으로 알려져 있다.

많은 투자자와 금융감독기관은 신용 리스크 관리 시 신용평가기관의 신용등급에 크게 의존하고 있다. 그런데 이런 신용평가기관의 신뢰성에 대한 의문은 여전히 존재한다. 신용평가기관의 신용도를 평가할 수 있는 또 다른 평가기관이 있다면 좋겠지만 그런 기구나 기관은 아직 존재하고 있지 않다. 그런 점에서 투자자들이나 금융감독기관은 신용평가기관의 한계를 인식하고 신용등급을 맹목적이고 기계적으로 보지 않으려는 노력이 함께 요구된다.

4부

공동체

함께 나아간다는 것

12장

정치

철학

롤즈의 정의론 철학

무지의 베일을 쓴다는 것

✕
✕
✕

정치는 바르게 하는 것이다政者正也

공자가 한 이 말은 유교의 정치철학을 담은 말인데, 동양에서 오래 일컬어오던 정치철학을 요약한 것이다. 하지만 이것이 유독 동양 혹은 유교만의 정치철학에 한정된 것은 아니다. 동서양 어디에서나 정치와 '바름'을 연결시켰고, 그 바름이란 곧 도덕적인 정의正義를 의미했다.

문제는 무엇이 바르고 정의로운가에 있다. '롤즈의 정의론'은 현대 정치철학의 중심에 있는 이론 중 하나다. 현대적인 사회계약론으로 불리는 그 내용은 무지의 베일을 쓴 합리적 선택자들이 정의의 원칙을 선택한다는 것이며, 그것은 두 개의 원칙으로 확립된다. 잘 알려진 롤즈의 정의론은 이렇게 원탁에 앉은 제왕의 활동을 보여주지만 단지 재미는 없는 이야기처럼 들린다. 그리고 관심은 마지막에 나타나는 두 개의 원칙의 내용에 모아진다.

미국의 철학자 존 롤즈는 왜 이런 재미없는 이야기를 지어냈을까? 롤즈의 정의론을 심도 있게 이해하기 위해서는 그 저변에 있는 생각들을 알아야 한다. 출발점은 '사회계약론'이다. 롤즈는 루소와 칸트 등을 통해 발전한 사회계약론을 더욱 발전시키고 싶었다. 사회계약론은 정치적 올바름은 시민들 간의 사회적 계약에 의해서 성립한다는 것이다. 그것이 갖가지 인권들로 표현된다는 것이다.

그런데 여기에는 심각한 문제점이 하나 있다. '나'는 그 계약을 한 적이 없다는 것이다. 그 '나'가 누구든 될 수 있다. 올바른 규범들이 모든 사람들의 '자발적'인 계약에 의해서 성립한다면 그것은 계약에 참여한 사람들에만 적용된다. 남이 나 대신 계약을 한다는 것은 기본적으로 '올바른 계약'의 출발점이 될 수 없다. 그리고 내가 누군가에게 위임해서 다른 사람이 나를 위해 계약한 적이 없는 경우도 많다.

롤즈는 이 문제를 해결하기 위해 사회계약론을 합리적 선택이론으로 바꾸었다. 사회계약의 핵심은 각자가 자기에게 유리한 내용을 자발적으로 선택한다는 것인데, 이것을 형태를 바꿔 살린 것이다. 합리적 선택이론 역시 각자가 선택한다는 자발성과, 그것이 각자에게 유리한 내용이라는 것을 그대로 담고 있기 때문이다.

롤즈의 선택이론에서 무지의 베일은 왜 등장할까? 무지의 베일을 쓴다는 것은 내가 합리적인 선택을 하기 위해서 어떤 것을 몰라야 한다는 뜻이다. 이것은 그 합리적인 선택이 도덕이 되기 위한 조건이다. 왜 그래야 할까? 우리는 도덕적 기준을 따질 때 '입장을 바꿔서 생각'한다. 상대의 물건을 훔치면 안 된다는 것을 설득력 있게 설명할 때 우리는 "다른 사람이 너의 값비싼 물건을 가지고 달아난다면 너라면 기분이 좋겠니?"라고 묻는다. 여기에는 도둑질의 가해자와 피해자가 누구든 될 수 있다는 생각이 깔려 있으며, 이것은 실제로는 누가 가해자이고 누가 피해자인지는 가리고 생각하자는 사고방식이 들어 있다. 이것이 '무지의 베일'을 쓰고 선택해야 도둑에게도 지나치지 않고 피해자에게도 적절한 원칙, 즉 올바른 원칙을 선택할 수 있는 이유다.

이렇게 얻어지는 정의의 두 원칙은, (1) 모든 사람이 다른 사람과 평등한 기본적 자유를 최대한 많이 가져야 한다는 것이고 (2) 불평등은 불리한 사람에게 더 이득을 주면서도 기회가 균등한 범위 안에서만 허용되어야 한다는 것이다. 이 내용을 잘 곱씹어보면, 자발적 계약과 무지의 베일의 그림자를 느낄 수 있다.

사회

권위는 뭐고, 권위주의는 또 뭐야?
강제하지 않는 관계

✕
✕
✕

존경하는 판사님, 존경하는 ○○○의원님.

이런 말들은 판사나 국회의원에 대한 예의를 표하는 것이다. 나보다 나이가 많거나 경험이 많은 개인에 대한 예의라기보다는 재판부에 대해 혹은 국회의 '권위'에 대한 예의이다. 더 나아가 사법부와 입법부에 대해 법이 정해진 질서에 복종하겠다는 의미도 포함한다.

어느 개인이나 조직이 가지는 이념이 그 사회 안에서 일정한 역할을 담당하고 그 사회의 구성원들에게 널리 인정되는 영향력을 지닐 경우, 이런 영향력을 '권위authority'라고 한다. 이러한 권위를 가져다주는 요소에 대해 막스 베버는 《직업으로서의 정치》에서 사람이 어떤 조직이나 집단을 지배하고자 할 때, 그 지배의 정당성을 보증하는 요소로 전통, 카리스마, 합법성밖에 없다고 주장했다. 그는 이 세 가지 요소가 바로 권위를 가져다준다고 보았다. 리더의 권위는 곧 카리스마적 권위, 관습적 권위, 그리고 합리적 권위로 나눈다.

만약 카리스마를 지닌 리더가 있다면, 조직의 방향을 설정하고 이끌어나가는 것은 대가나 벌칙이 아니라 구성원이 스스로 리더를 따르고자 하는 자발적인 동기을 유발한다. 카리스마적 권위를 가진 사람은 신비스럽고 매력적인 분위기로 무리를 사로잡는 힘을 가지고 있기 때문에 사람들을 확실하게 장악하고 다스리는 능력을 가지고 있다. 그런 리더가 있다면 세세한 규칙이 필요하지 않고 리더의 행동, 말에 귀를 기울이게 된다. 그러나 카리스마는 남이 갖지 않는 특별한 자질이기 때문에 카리스마가 있는 리더는 그리 많지 않으며, 그런 리더가 죽거나 사라지면 그를 따르던 사람들은 혼란에 빠지기도 한다.

따라서 어느 조직에서나 카리스마 있는 리더에서 카리스마 없는 리더로의 교체가 반드시 일어나게 마련이며, 이때 지배의 정당성을 가능하게 하는 권위는 어떻게 가능할까? 베버는 이 권위는 역사적 전통 혹은 관습이나 합법성으로 가능하다고 했다. 창업가의 피를 이어받은 우수한 인재가 있다면 그 인물은 역사적 전통에 입각한 정당성을 갖게 될 수 있다. 이러한 방식은 옛날부터 통용되어온 어떤 풍속을 계속 지키려는 관습적 태도로 인해 신성시된 경우에 적용된다. 관습적, 전통적 권위가 펴져 있는 집단은 항상 그렇게 해왔기 때문에 앞으로도 그렇게 한다는 식의 논리를 따른다. 부모의 처지와 직위를 물려받는 신분사회, 경영권을 자식에게 물려주는 기업문화 등이 이러한 사례에 해당된다. 관습적이거나 전통적 권위에 기반하는 리더 또한 안정적이지 않다. 반면에 합리적 권위가 자리 잡든 사회는 오랫동안 안정적으로 유지된다. 합리적 권위 아래서 사회는 원칙과 질서에 따라 움직이기 때문에 누가 권력을 잡게 된다 해도 법과 규칙에 따라야 하기 때문이다. 권한 규정과 그것을 어길 경우 벌칙 규정에 의해 시스템적으로 돌아가게 하는 방식이 적용된다. 베버는 당시 이러한 합법성에 의한 지배의 정당성의 예로 관료제에 의한 지배를 설명했다. 오늘날 국가공무원이나 선거를 통해 당선한 정치인들의 지배에 정당성을 부여하고 그들의 결정에 권위를 부여하는 것이 대표적인 사례이다.

그런데 권위는 권위주의authoritarianism와 혼동된다. 권위가 사회 구성원들에게 널리 인정되는 영향력을 말한다면, '권위주의'는 어떤 일에 스스로 권위를 내세우거나 권위에 복종하게 하는 의미를 갖기 때문에 두 개념은 반드시 구분되어 이해해야 한다. 과거 독재시대 통치자들이 권위와 권위주의를 혼동하게 한 측면이 있다.

권위와 권위주의는 모두 관계의 개념들이다. 권위이건 권위주의이건 타인과의 관계 속에서 성립되는 개념이다. 권위는 관계에서 수용자의 자발적이고 합리적인 이해를 통해 관계가 형성되는 것인 반면, 권위주의는 관계의 효력을 일방적으로 강제하여 관철

하는 것으로 권력과 유사한 것으로 이해할 수 있다. 권위가 타인으로 하고 싶어 하도록 하는 힘이라면, 권위주의는 타인으로 하여금 그 의지와 관계없이 강제하여 하게 하는 힘이다. 권위가 있다면 권력을 동원할 필요가 없는 것이며, 그런 측면에서 권력은 권위 위에 도덕적 잣대를 강제력으로 대체하여 권위를 말살하기 때문에 권위에 가장 치명적인 적이 될 수 있다.

권위만을 내세우며 '나를 따르라'고 주장하며 자신의 주장을 강제하는 것은 '꼰대'와 다름없다. 권위는 가지되 '나와 함께'라는 생각으로 같이 동참하고 앞장서서 스스로 실천하는 모습이 바람직하다. 성숙한 민주시민에게는 사람을 굴복시키려는 '권위주의'보다 사람을 스스로 움직이게 하는 '권위'가 작동하는 조직이 필요하다.

정당과 공천의 기본상식
투명한 공정성을 위하여

✕
✕
✕

공천이란 선거할 때 정당에서 후보를 추천하는 것을 말한다. 현대 정당이 수행하는 중요한 정치적 역할 중 하나가 공천이다. 정당의 공천을 받으면 정당의 후보로 출마하게 되고 공천 없이 출마하면 무소속 후보라고 한다.

우리나라는 특정 정당의 당원이지만 공천을 받지 못하면 선거 출마가 원천적으로 불가능하다. 출마하려면 탈당을 해서 완전한 의미의 무소속이 되어야만 출마할 수 있다. 우리나라에서 대통령 선거에 출마하는 후보를 추천하는 과정을 '경선'이라 하며, '공천'이라는 용어는 국회의원 총선거와 지방선거에 출마하는 후보들을 정당에서 추천할 때 사용한다.

정당이 후보를 추천하는 이유는 현대 대의제 민주주의와 정당

정치의 관계에서 답을 찾을 수 있다. 대다수 유권자들이 후보자 개개인의 능력과 공약에 대해 자세한 정보를 획득하는 데 시간과 비용을 지출하기 어렵기 때문에 후보자의 정치적 성향에 대한 정보를 간결하게 제공하는 정당을 가장 중요하게 고려해 투표하게 된다. 그런 점에서 후보자보다는 정당의 공천이 당선에 결정적인 영향을 주곤 한다.

해당 선거구에서 각 정당이 추천하는 인원은 소선거구제에서는 1명, 중선거구나 대선거구에서는 해당 선거구에서의 선출 인원 이내로 제한된다. 각 정당은 당헌이나 당규로 정한 민주적 절차에 따라 후보자를 추천하도록 공직선거법에 규정되어 있다. 현재 정치적 구도상 특정 정당에서 당선확률이 높은 선거구의 공천 경쟁률은 매우 높고 반대로 당선확률이 낮은 선거구에서 공천할 때는 신청하는 후보가 아예 없을 수도 있다.

공천 제도에 대한 주장은 두 가지다. 첫째는 정상적인 정당이라면 정당의 권력이 당원으로부터 나오기 때문에 공천은 당연히 당원이 결정하는 것이라는 주장이다. 둘째는 선거는 당원만 하는 것이 아니라 일반 국민들이 결정하는 것이기 때문에 추천과정에서 국민도 당원과 함께 후보를 결정하는 것이 옳다는 주장이 있다. 첫 번째 주장처럼 당원이 스스로 후보를 결정하는 방식은 코커스라고 하며, 두 번째 주장처럼 비당원인 국민들도 같이 참여하는 방식은 오픈 프라이머리라 부른다.

해당 선거구에 공천을 신청한 적격 후보자가 1명이면 단수 공천으로 결정될 수도 있다. 이외에 전략적으로 특정 후보를 특별한 이유로 공천하는 '전략공천'이 있다. 전략공천은 당의 총재나 대표가 일방적으로 각 지역에 후보를 공천하는 방식으로 '하향식 공천'이라고도 한다. 이에 반해 각 지역의 당원과 국민이 국회의원 후보자를 선출하여 당에 추천하는 '상향식 공천' 방식도 있다. 상대편 정당의 후보와 경쟁을 위해 다른 지역구 또는 새롭게 영입한 유력 인사를 해당 지역구에 공천하는 전략공천은 해당 지역에서 오랫동안 준비했던 정치지망생들에게는 당연히 공정한 경선기회를 박탈하는 부작용이 있다.

공천에 따른 분쟁은 선거 때마다 불거진다. 공천을 둘러싸고 다양한 이해관계가 작용하기 때문에 '공천장사'라는 말이 나올 정도다. 공천이 곧 당선으로 이어질 가능성이 높은 지역일수록 지방선거 후보자의 공천에 투명성과 민주성이 더욱 강조되고 있는 이유가 여기에 있다. 이러한 문제를 해결하기 위해 선거 때마다 투명하고 정당한 외부 공천위원회를 설치하고 있지만 공천 관련 잡음은 선거 때가 되면 언론에 등장하는 단골메뉴다.

2005년 공직선거법의 개정으로 지방선거에서도 '정당공천제'를 규정하고 있다. 이 규정으로 국회의원 선거와 달리 지방선거에서 광역의원과 기초의원 공천은 시도당에서 결정하도록 하고 있지만 현실적으로 지역구 국회의원이 공천권을 가지고 있다. 전문가들은 이로 인한 폐해를 지속적으로 비판해왔다. 20대 국회에서도 정당공천제 폐지를 담은 공직선거법 개정안이 발의됐지만, 관련 상임위원회 문턱도 넘지 못했다.

정치인에 대한 공천을 정당에서 실시하는 정당공천제 폐지에 대해서는 2012년 대선에서 당시 박근혜, 문재인 대통령 후보 모두 폐지를 공약했지만 그때뿐이었다. 기초자치단체 의원에 대한 정당공천제를 폐지했을 경우 위헌의 문제, 후보 난립 문제, 돈 선거 부활 문제가 있다는 지적도 있지만, 핵심은 국회의원들이 현재의 제도를 변경하는 것을 원치 않기 때문이다.

'민주주의의 꽃'이라 할 만큼 민주국가에서 선거는 중요하다. 국민이 주권을 실현하는 가장 핵심적인 절차이기 때문이다. 정당이 공적으로 후보를 추천하는 것이 공천인 만큼 공천절차는 무엇보다 투명하고 민주적이어야 한다.

사회

코뮤니즘의 유토피아
행복한 체제를 위하여

✕
✕
✕

오늘날 우리사회에서는 자본주의에 대한 날선 비판을 쉽게 찾아볼 수 있다. 이런 비판자들이 대안으로 내세우는 것은 사회주의 혹은 공산주의(코뮤니즘)다. 사회주의와 공산주의는 기본 의미가 서로 다르지만 실질적으로 구분하기는 쉽지 않다. 그러므로 여기서도 같은 의미로 간주하고 '공산주의'에 초점을 맞추겠다.

공산주의는 재산을 모두가 공유하는 사회제도를 주장한다. 오늘날 '공산주의'를 생각하면 가장 먼저 마르크스를 떠올리지만, 공산주의의 역사는 상당히 유구해서 2,500년 전의 철학자 플라톤에서부터 출발한다. 플라톤은 그의 저서 《국가론》에서 이상적인 국가 형태를 제시하면서, 국민들을 생산자, 수호자, 통치자의 세 부류로 나누고 상류 계급인 수호자와 통치자가 이기적인 목적으로 국가를 망치지 못하도록 하기 위해 사유재산을 갖지 못하도록 해야 한다고 주장했다. 이후 초기 기독교 공동체도 종교적 이념으로 뭉친 신도들이 각자의 재산을 갖지 않고 모두가 재산을 나누도록 했고, 토머스 모어의 유명한 저서 〈유토피아〉에서도 모든 재산을 공유하는 사회를 이상향으로 그리고 있다.

공산주의에 대한 주장은 모두 철학적이거나 종교적이었으며, 현실적으로 실현가능한 모습으로 제시되지는 못했다. "모두가 재산을 나눠 갖는다? 좋긴 하겠는데, 그게 어떻게 실현될 수 있다는 거지?"와 같은 식이었다. 이를 극복해 보려는 시도는 마르크스와 레닌이 만들어낸 공산주의 이론에서 비롯되었다.

마르크스는 변증법의 헤겔 철학을 과학으로 포장해서 만든 유물변증법을 바탕으로 모든 것을 가진 자와 갖지 못한 자의 투쟁으로 해석했다. 여기에 당시 발전한 자본주의의 문제점을 사회구조적으로 분석해 결합하고는 최종적으로 '계급혁명'을 통해 자본주의 체제를 뒤엎고 '능력에 따라 일하고 필요에 따라 분배받는 사회'를 만들 수 있다고 생각했다.

과학적인 것처럼 보이긴 했지만 이상에 가까운 그의 생각은 역사적으로 실현되지는 못했고, 대신에 이후 많은 사상가들에게 영향을 주었다. 그 대표적인 인물이 레닌이다. 레닌은 마르크스의 공산주의 사상을 보다 정치적인 투쟁 방식으로 변형시켰다. 그래서 공산주의 혁명을 중심으로 갖지 못한 자들을 뜻하는 '프롤레타리아'의 폭력혁명을 실천 목표로 설정했다. 마르크스는 경제학적인 자본주의 비판에 초점을 맞추고 자본주의는 저절로 혁명에 의해 붕괴될 것이라고 생각했지만, 레닌은 자본주의를 뒤엎는 폭력혁명을 인위적으로 달성하기 위한 정치 조직의 구성과 운영, 혁명 후에 국가를 어떻게 통치할 것인가 등에 집중했다.

결과적으로 러시아 혁명을 통해 레닌은 자신이 계획했던 공산주의 사회인 소련을 건설했고, 이로 인해 공산주의 사상은 더욱 후대에 영향을 주게 되었다. 하지만 실제로 소련에서 볼 수 있었던 공산사회가 철학자들이 생각했던 것만큼 행복해 보이지 않았으며, 자본주의자들이 흔히 비판하는 문제가 나타났으니 그것은 모두가 다 같이 가난했다는 것이다. 그리고 개인이 재산을 갖지 못하도록 하기 위해서 독재권력에 의한 통치는 항상 뒤따랐다는 점도 문제였다.

이후 공산주의 사상은 주로 정치권력을 쟁취하고자 하는 정치인들이 상황에 맞게 변형했고, 이에 따라 그것을 수정 변형한 정치인들의 이름을 따서 분화했다. 스탈린주의, 트로츠키주의, 마오주의 등이 그것이다. 어느 공산주의 이론을 채택했든 간에 사람들이 그 사회 안에서 경쟁을 덜 하고 이완된 삶을 살 수 있었지만, 그 대신 사회가 경제적 부를 이루지는 못했다는 점은 항상 같다.

13장

전쟁

손자병법과 전쟁론
책으로 전쟁을 배우다

✕
✕
✕

전쟁은 인간의 본능적 군집행동인가, 아니면 고도의 전략을 구사하는 학습된 결과인가. 논란은 분분하지만 인류문명사를 거슬러 올라가 보면 한 가지 분명한 것은 전쟁은 '인간의 굴레'라는 사실이다. 인간을 연구하는 학자들은 인간에게 폭력성이 내재되어 있어 전쟁은 불가피하다고 하지만, 정치외교학자들은 전쟁이란 학습된 행동으로, 학습하지 않으면 전쟁은 벌어지지 않는다는 반대 논리를 펼치기도 한다.

전쟁이 고도의 전략이라는 반증에는, 구체적인 전술과 전략이 담긴 병법서가 빠질 수 없다. 병법서의 바이블로 불리는 책 두 권을 꼽으라면 손무의 《손자병법》, 클라우제비츠의 《전쟁론》이 있다.

중국은 군웅이 할거하던 춘추전국시대 이후 20세기 초까지 3,800여 회에 걸쳐 전쟁을 했던 나라다. 200년 짧은 역사로 세계를 제패한 미국이 세계 곳곳에서 전쟁을 벌이는 나라라는 비난을 받고 있지만, 중국에 비할 바가 못 된다. 농경사회의 경제질서가 왕조 쇠락을 불러오고 통제력을 잃어버릴 때, 전쟁은 가장 효과적인 최후 수단이었다. 그뿐만 아니라 새로운 왕조가 들어선 후 안정화에 접어들면 전략적으로 중요한 국경지대 장악을 위해 전쟁을 벌이는 게 수순이었다.

B.C. 544~B.C. 496년경에 춘추 시대 말기 제나라 낙안 출신인 손무는 주로 오나라에서 활동했다. 군사학적 지식은 갖췄으나 전쟁수행 경험이 없는 일개 망명객에 불과했던 손무는 오나라 합려왕의 기대를 저버리지 않고 강대국 초나라를 격파하고 진나라를 무찔러 중소국가에 머물러 있던 오나라를 단기간에 일약 강대국으로 끌어올리는 데 혁혁한 공을 세운 인물이다.

'지피지기면 백전불태', '적을 알고 나를 알면 백번 싸워도 위태롭지 않다'는 손자의 가르침은 최소한 한국인이라면 모를 수가 없는 유명한 병법 중 하나다.

손자병법의 철학적인 바탕은 노자의 무위자연 사상에서 비롯됐다고 전문가들은 평가한다. 아무것도 하지 않아도 저절로 그러해진다는 무위자연 사상이 전쟁터에서 어떻게 통한다는 말인가.

손자병법에 드러나는 대표적인 전술 중 싸우지 않고 이긴다는 부전승의 개념이 자주 등장한다. '백번을 싸워서 백번을 이기는 것이 최상이 아니라 싸우지 않고도 적군을 굴복시키는 것이 최상이다'라는 말이 대표적인 예시다. 또 전쟁을 할 때도 군대를 잘 운영하는 자는 싸우지 않고 적군을 굴복시키는 사람이며, 적국을 파괴하되 오래 싸우지 않는 것이 낫다는 것이다.

손자병법은 6,074자의 한자로 이루어진 13편의 간결한 문장이다. '지식을 갖추고 최소의 비용으로 최대의 효과를 거둬야 한다' '상대방의 기선을 제압하고 인재를 등용해 완전무결함을 추구하라'는 그의 가르침은 지금도 큰 울림을 준다.

동양에 《손자병법》이 있다면 서양에는 《전쟁론》이 있다. 프로이센의 군인이었던 클라우제비츠는 열두 살 어린 나이에 입대해 평생 군인으로 살았다. 그러나 대부분 사관학교 교수 및 총장, 개혁위원회 위원, 군사교관 등 교육과 행정 분야에서 활동했다. 작가의 유작이었던 《전쟁론》은 그의 아내가 출간해 처음에는 빛을 보지 못했다. 이후 프로이센과 오스트리아 합스부르크가 맞붙은 보오전쟁(1866)과 프로이센과 프랑스가 격전을 벌인 보불전쟁(1870-1871)에서 프로이센의 육군참모총장 헬무트 몰트케(1800-1891) 백작이 가장 큰 영향을 받은 책이라는 사실이 알려지면서 눈길을 끌기 시작했다. 이후 엥겔스, 레닌, 마오쩌둥 등이 주목하면서 공산권에서 먼저 인정받았다. 세계적인 명성을 얻은 것은 베트남 전쟁 이후였다.

어린 시절 군인으로 전투에 참가했던 그는 전쟁이란 상대를 완전히 쓰러뜨리기 위한 수단이거나 상대에게 양보를 얻어내기 위한 것이라는 결론에 이르렀다. 이에 따라 전쟁의 양상이 달라진다는 결론에 이르렀다. 그는 또 전쟁의 성격을 세 가지로 구분했다. 증오가 원인이 된 폭력, 도박과 같은 우연, 정치적 종속이 그것이다. 증오를 수반한 폭력이 우연적인 사건에 의해 정치적으로 종속되면 군대와 정부와 연결되어 전쟁은 벌어진다는 것. 두 가지 혹은 세 가지가 복합적으로 결합하면 전쟁이 터진다는 그의 이론은 '기묘한 삼중성'으로 정리된다.

그의 이론은 전법 구사에만 집중했던 기존 서양의 병법서와는 차원을 달리했다. 특히 클라우제비츠는 억제 궤변이나 망상적인 전술전략이 아니라 역사적인 사례를 근거로 이론을 발전시켜 현실적이라는 평가를 받고 있다.

《전쟁론》은 이후 전쟁을 연구하는 학자들에게 필독서가 되었고, 클라우제비츠의 사상은 새로운 개념으로 정립되었다. '전쟁은 정치적 목적을 달성하기 위한 정치의 연속'이라는 말과 함께.

과학

과학이 이룬 전투력
국가의 총력전과 과학 기술

✕
✕
✕

전쟁은 국가의 생존이 걸린 총력전이다. 국가가 소유한 모든 자원을 걸고 전쟁에 임한다. 자원 가운데서도 과학과 기술은 전쟁 수행에 필수불가결한 자원으로 군사기술과 상호작용하게 된다. 이를 방증하는 역사적 사례들은 쉽게 찾을 수 있다.

현대과학은 '빛'으로 빛나는 성과(양자 이론, 상대성 이론)를 거뒀다. 빛을 이용한 기술은 X선, CT, MRI, PET, fMRI 같은 의학 진단에 필수적인 촬영 장비를 만들어냈을 뿐 아니라 태양전지를 이용한 친환경 발전과 우주선 동력, 레이저와 방송통신 등 빛을 이용한 기술의 범위는 헤아릴 수 없을 만큼 다양하고도 넓다.

빛을 이용한 군사기술 사례도 이에 못지않다. 특히 군사용으로는 레이더 기술을 빼놓을 수 없다. 레이더는 어두운 곳을 나는 박쥐가 초음파를 발사해 그 반사음으로 부딪치지 않고 비행하는 것으로부터 힌트를 얻었다. 레이더 기술은 제2차 세계대전에서 전투의 승패에 앞서 전쟁의 판도에 영향을 미칠 정도로 중요한 역할을 했다.

1930년대에 독일과 영국에서 실용화된 레이터 기술은 1940년에 이르러 영국이 독일 공군의 공습을 막아내는 요격용으로 사용할 만큼 핵심 기술이 되었다. 당시 일본에서는 안테나의 필요성을 인식하지 못해 레이더로 개발하지 않았다. 하지만 중요성을 인식한 서구에서 빠르게 기술화해 영국 공군이 독일 공군의 공습에 대비하는 방공시스템을 효율적으로 운용, 피해를 대폭 줄일 수 있었다. 미국도 일본과의 태평양 전쟁에서 일본 해군을 상대로 승리를 거두는 데 큰 도움을 받았다. 레이더로 적기나 목표물을 먼저 파악할 수 있는 만큼 전쟁을 주도적으로 이끌어갈 수 있었다.

전쟁 중에 발달한 레이더 기술은 특히 전파 천문학에서 큰 성과를 내게 되었고, 일상적으로는 늘 우리가 손에서 놓지 못하는 휴대폰과 기지국 간의 통신에도 스며들어 있다. 1964년 벨 연구소에서 일하고 있던 아노 앨런 펜지어스와 로버트 우드로 윌슨은 레이더 신호를 분석하고 잡음을 줄이려다가 우연히 우주가 탄생할 때 남긴 전파 신호를 포착하게 된다. 이전까지 과거의 우주가 어떠했고 미래의 우주가 어떨 것이라고 하는 논란이 있었으나, 우주 배경 복사(혹은 우주 마이크로파 배경)를 발견하면서 우주의 탄생과 진화를 연구하는 우주론이 획기적으로 발달하게 된 것이다. 모든 것의 기원을 훨씬 더 이해하게 됐으며, 우주의 다양한 천체들에 대해서도 더 많이 알게 되었다. 레이더 기술은 우주를 향한 창이 되었고, 현재의 우주를 넘어 아득한 과거까지도 바라볼 수 있게 하는 창구가 되었다.

군사기술에 빼놓을 수 없는 또 한 가지는 아인슈타인의 상대성 이론을 활용한 원자핵 변환에 따른 에너지의 활용이다. 미국이 비밀리에 추진한 맨해튼 프로젝트를 통해 적극 개발에 나서 일본의 나가사키와 히로시마를 잿더미로 만들었다. 제2차 세계대전을 일으킨 장본인인 일본의 끈질긴 사생결단을 항복으로 전환시킨 계기가 되기도 했다. 질량과 에너지의 등가원리에 따라 핵이 융합하거나 분열할 때 나오는 막대한 에너지는 전쟁을 단기간에 끝내게 했지만 대량살상무기 사용에 대한 인류의 자성을 요구했다. 핵에너지는 핵발전소와 같이 평화적으로 사용되기도 하지만 핵으로 기동하는 항공모함이나 잠수함과 같은 군사장비로 사용되는 등 널리 쓰이면서 방사능 폐기물에 의한 환경오염이 심각하다는 것도 인류는 깨닫고 있다.

군사기술과 과학기술 그리고 과학이론과 문명은 서로를 자극하며 더 나은 세상을 만들고자 하지만, 기술이 발달할수록 잘못된 판단에 따른 대가는 더욱 심각하기 때문에 기술과 문명의 발달을 제어할 수 있는 인간의 정신적 성장이 바탕이 되어야 할 것이다.

군대 없는 나라
다른 세상은 가능하다

✕
✕
✕

한국에서 군대가 없다는 것을 상상할 수 있을까? 군대는 국가와 국민을 보호하기 위해 구성된 국가조직이다. 일본은 평화헌법에 군대를 가질 수 없도록 규정하고 있지만 사실상의 군대 자위대가 있다. 영세중립국인 스위스도 국민개병제에 입각한 민병제를 유지하고 있다.

한국인의 의식 속에 군대 없는 나라는 없다. 일제강점기와 한국전쟁을 경험한 우리에게 1953년 정전협정 이후 군대는 생존을 위한 필수적인 수단이며, 군사정권 시기를 거치면서 군대의 중요성은 당연한 것으로 받아들여졌기 때문이다. 국방의무는 한국인에게 신성한 것이며, 병역과 관련한 비리는 단순한 비리 이상의 의미를 갖고, 군사력은 강할수록 좋은 것으로 받아들여지고 있다.

그러나 군대 없는 나라가 있다. 군대를 없애고 치안유지에만 집중한 국가다. 세계적으로 35개의 국가 또는 지역이 군대를 보유하고 있지 않으면서, 국방에 별다른 문제없이 현재까지 잘 지내고 있다.

군대 없이 자신들의 주권을 지킬 물리적 강제력을 보유하고 있는 경우 경비대 또는 수비대 등(코스타리카, 모리셔스, 파나마 등)을 운영하거나 중무장한 특수경찰을 운영하는(아이슬란드, 아이티, 투발루 등) 등 다양한 방법으로 자국을 안전하게 보호하고 있다. 주변국에 국방을 전담하게 하는 경우(리히텐슈타인, 사모아, 안도라, 팔라우 등), 지역 안전보장체계를 만들어서 미군 및 인접 국가들과 함께 국방을 지키는 경우(바베이도스, 그라나다, 도미니카 등)도 있다.

여기서 말하는 군대는 법적으로 특수한 지위를 부여받은 조직으로서 군대를 의미한다. 군대는 군사작전이라는 특수임무를 수행하며, 군법을 가지고, 인명 살상이나 파괴 행위에 대해서도 특별한 법적 권한을 갖는다. 근대 국가시스템 내에서 군대는 이처럼 특별한 권한이 허용된 집단으로 경찰과 달리 유사시에 자의적 집단행동이 가능하다. 그런 점에서 군대 없는 나라들의 유사 군대는 군법이 아닌 일반 형법이나 공무원법으로 통제되는 집단으로, 무력을 가지고는 있지만 군대와 동등한 법적 행위를 수행하기 어려운 조직이라 할 수 있다.

이들 국가들은 국방비를 전혀 사용하지 않고 교육이나 보건 등에 더 많은 예산을 배정하고 있다. 미국과 러시아가 GDP의

3~3.5퍼센트, 한국은 2.33퍼센트의 국방비 예산을 지출하고 있는 데 반해, 예를 들어 코스타리카는 국경초소, 해경 등에 쓰는 예산이 GDP의 0.05퍼센트에 불가하다.

코스타리카는 세계에서 처음으로 군대를 폐지한 나라다. 1949년 호세 피게레스 페레르 대통령은 군대를 해산했고, 이 결정에 따라 코스타리카는 국제법에 따라 분쟁이나 외부 위협을 해결한다는 원칙을 가진 문민정부가 되었다. 또 코스타리카는 1947년 아메리카대륙의 집단자위권을 설정한 리우조약TIAR에 가입해 있어서 해외망명을 떠난 정적들이 공격해올 경우 국제직 지원을 받을 수 있다. 이런 배경이 있었기에 내전으로 집권한 피게레스는 개혁조치의 일환으로 군대를 폐지하고도 정권의 자신감과 안정을 과시할 수 있었다.

코스타리카는 19세기 전반 스페인, 멕시코, 그리고 과테말라 주도의 중미연방으로 각각 독립하는데, 이 과정에서 군대가 일정한 역할을 했지만 장기적으로 충돌이나 내전을 겪지 않았다. 20세기 초 티노코 군부독재에 대한 국민의 반감이 심했고, 1921년 파나마전쟁에서 패한 뒤 군에 대한 신뢰가 낮아져 군대를 없애도 그것에 반발한 기득권 세력이 미비했다. 이에 더해 자유주의 개혁정책을 담은 공교육이 확대되면서 교육자 대다수를 차지하고 있는 여교사들이 평화, 공존, 애국심의 기조를 선호하게 된 것도 이유로 꼽힌다.

군대 폐지 정책 아래 겉으로 드러난 상비군만 없앤 것이 아니라 군과 관련한 방위 및 군수산업, 군사연구, 국민동원 등 모든 활동이 중단되었다. 국가안보는 비군사적 방식으로 이루어졌고, 탈군사화와 중립화를 통해 도덕적 우위의 이미지를 강화할 수 있었다. 이른바 '평화배당금' 효과도 무시할 수 없었을 것이다. 군비를 교육, 보건의료, 환경, 문화에 투자함으로써 인간개발지수를 제고할 수 있게 되었고, 그 결과 코스타리카 노동자들의 숙련도와 생산성은 남미 최고 수준이 되었으니 말이다. 행복지수 측면에서도 최고 수준에 있는 코스타리카의 현재 모습은 인권과 평화가 국민의 생존을 위해 중요한 조건이라는 사실을 말해준다.

코스타리카의 군대 폐지 문서는 군 병력 없이도 민주주의 유지가 가능하다는 것을 전 세계에 보여준 사례로 유네스코 세계기록유산으로 등재되어 있다. 코스타리카의 평화주의 노선은 주변국과의 관계를 개선하고 더 나아가 중미의 안정에 기여했다는 평가를 받고 있다. 그 업적을 인정받아 1987년 노벨평화상을 수상했으며, 미주 인권재판소와 유엔평화대학을 유치하는 성과를 거두기도 했다. 국제적 차원에서 군대의 폐지는 세계를 향해 평화에 대한 의지와 믿음을 천명하며 군대나 무장병력이 없는 국가를 만들어 군비에 소요될 자원을 보다 나은 사회를 위해 투자하는 국가가 실현 가능하다는 것을 전 세계에 보여준 첫 사례가 되었다.

역사

홉스의 리바이어던
만인에 대한 만인의 투쟁

✕
✕
✕

전쟁은 정치의 연장이다.

《전쟁론》의 저자 클라우제비츠의 말이다. 그래서 군대와 군사
에 대한 관심이 정치로 이어지는 것은 이상하지 않다. 정치적인
입장에서 전쟁 상태를 끌어들인 철학자는 《리바이어던》의 저자
토마스 홉스다. 토마스 홉스는 1588년에 태어나 1679년까지 91
년의 장수를 누린 철학자다. 영국의 맘스버리 근처 웨스트포트에
서 태어난 그는 옥스퍼드에서 공부한 후 귀족의 가정교사가 되어
대륙을 여행할 기회를 많이 얻었고 당대의 대표적인 사상가와 귀
족들을 만나 견문을 넓힐 수 있었다. 그래서 홉스가 쓴 《리바이어
던》에는 사회·정치철학뿐만 아니라 철학적 인식론 등의 많은 주

제가 들어 있다. 하지만 데카르트와 베이컨, 로크 등의 유명한 철학자들에 밀려 그의 독특한 철학은 많이 알려지지 않았으며, '만인에 대한 만인의 투쟁'을 출발점으로 하는 정치철학만 널리 알려지게 되었다.

홉스의 정치철학의 출발점은 '자연 상태'다. 자연 상태에서 모든 인간은 평등하며 생존에 필요한 권리를 동등하게 소유하지만, 또한 아무 제약이 없기에 투쟁하기도 한다. 즉 모든 사람들은 본디 이기적인 존재이기 때문에 필연적으로 '만인에 대한 만인의 투쟁의 상태'에 빠져들고, 그래서 이런 무정부 상태를 피하기 위해서 국가를 만들게 된다. 즉 자신들의 권리나 자유의 일부를 포기하고 사회계약을 맺는 것이다. 이런 계약에 따라 생겨난 정부 기구, 혹은 국가를 홉스는 '리바이어던'이라 불렀다. 그 까닭은 사람들이 사회계약으로 만들어내지만 곧 사람들을 지배하는 강력한 힘의 화신이 되기 때문이다.

리바이어던의 원래 이름은 '레비아탄.' 구약성경에 나오는 거대한 환상의 괴물이다. 동물 형태상 용에 가까운 모습을 하고 있어 우리말로 번역하자면 '용가리'라고 할 수도 있다. 성경에서 악의 화신 루시퍼가 만든 악마 해룡 괴수로서 질투와 시기를 의미한다고 한다. 홉스의 저서 표지에는 리바이어던이 군주의 모습으로 그려져 있는데, 자세히 보면 칼과 지팡이를 든 사람 모습의 리바이어던이 수많은 사람들로 이루어져 있다.

국가가 '리바이어던'이라는 괴물이 된다는 생각에서 보듯이 사람들은 국가를 사회계약으로 구성하면서 양도한 자신의 권리를 쉽게 되찾아올 수 없다. 홉스의 사상에서 국가가 아무리 국민들을 탄압하더라도, 그것은 만인에 대한 만인의 투쟁 상태보다는 낫기 때문에, 국가에 복종하는 것이 이익이다. 하지만 왕권신수설이 판치던 시대에 나타난 홉스의 사상은 국가의 권력이 신이 아닌 인간이며, 특히 국민들에서 나온다는 것으로서 당시에는 혁신적인 사상이었다.

홉스의 이런 사상은 이후 《시민정부론》으로 민주주의 발전에 큰 영향을 끼친 존 로크의 사상에 영향을 주었는데, 특히 자연상태와 사회계약 등의 개념이 로크에서 그대로 차용되었다. 다만 로크는 자연상태가 홉스 생각보다 훨씬 더 목가적이고 평화롭다고 생각했으며, 이에 따라서 사회계약으로 나타난 정부의 권력도 훨씬 더 약하게 설정했다.

이후 정치학 및 정치철학에서 홉스의 사상의 영향은 직간접적으로 많이 나타나는데, 특히 개인의 기본적인 성향을 악하다고 가정하고 정부가 존재하기 전의 상태가 무질서하며 전쟁에 가깝다고 생각하면서 정치를 설명하는 입장들을 일반화해서 '홉스주의자(홉시언)'라고 부르기도 한다. 정치학에서의 홉스주의는 정치를 역사적인 사실에 근거해서 보다 과학적으로 설명하려는 입장에서 자주 나타난다.

14장

멤버

상식

던바의 수와 친구의 수
친구는 몇 명까지 가능한가?

✕
✕
✕

사람이 최대한 인간관계를 유지할 수 있는 숫자는 얼마나 될까? 던바의 법칙은 우리가 최대한 몇 명과 의미 있는 관계를 맺을 수 있는지에 대한 명확한 수치를 제시한다. 그런데 이 숫자의 근거는 얼마나 설득력이 있을까?

옥스퍼드 대학 진화인류학과 교수인 로빈 던바는 인간의 사교성을 친밀한 정도를 고려하여 친밀한 관계(5), 신뢰하는 관계(15), 가까운 관계(35), 그리고 일상적 관계(150) 등 네 가지 단계로 분류했다. 결국 우리가 최고로 친하게 지내는 절친 관계는 5명, 신뢰할 수 있는 수준의 관계를 유지하는 사람은 15명, 가까운 친구관계에 있는 사람은 35명, 그리고 일상적으로 알고 지내는 관계 수준에 있는 사람은 150명 정도라는 것이다. 이 법칙을 자신에게 적용하면 이제 내가 몇 명의 사람들과 의미 있는 관계를 유지할 수 있을지 대답이 나올 것이다.

실제 창업의 경우, 가장 적절한 크기의 팀은 5명 정도에서 시작하고, 이후 15명 수준으로 늘어나는 것이 일반적이라고 알려져 있으며, 150명이 넘어서는 경우, 해당 조직을 분리해야 조직의 효율성이 늘어난다고 알려져 있다.

말콤 글래드웰의《티핑 포인트》에서도 고어-텍스사의 성공 사례를 설명하면서 직원이 150명이 넘으면 별도의 사무실을 만든다고 했는데, 던바의 법칙에 따른 것일까. 국내에서도 KAIST 연구팀이 2005년도 '싸이월드'의 미니홈피를 분석한 결과 친한 친구집단의 크기가 던바의 법칙에서 벗어나지 않는다는 사실을 밝혀낸 바 있다. 최근에는 소셜미디어의 활용이 활발해짐에 따라 관계를 유지하는 사람의 수가 150명에서 최대 250명으로 늘어나고 있다는 연구 결과도 있다. 물론 사람마다 개인적인 차이가 있는 만큼 숫자 그 자체는 차이가 있을 수 있다.

인류학자들의 연구에 따르면 흥미롭게도 오랫동안 인간이 하나의 부족을 형성하면서 공동체 생활을 유지한 부족의 구성원 수는 대략 150명 수준이었다고 한다. 지금도 호주나 뉴기니, 그린란드 등에서 발견되는 원시 부족의 평균 숫자는 150명 수준이다. 또 다른 사례로 영국 시민들이 연말에 크리스마스카드를 몇 명에게 보내는지 조사해본 결과, 1인당 평균 68곳에 카드를 보냈고, 그 가정의 구성원 수를 다 합친 결과 평균 150명이었다. 그리고 군대의 경우에도 보통 중대 단위의 병력 수는 150명 수준이며,

이 단위는 리더가 구성원의 이름을 기억하고 개별적으로 의미 있는 관계를 유지할 수 있는 숫자로 해석된다.

던바가 제시한 숫자 150명은 이처럼 다양한 사례를 통해 단순한 숫자 이상의 의미를 가진다. 이번에는 개인이 최대한 관계를 유지할 수 있는 수를 양이 아닌 질적으로 따져보자. 던바의 법칙이 보여주는 숫자에서 150명의 의미는 갑작스럽게 저녁식사나 술자리를 함께 하더라도 어색하지 않은 사이라고 할 때 결코 적은 숫자가 아니다. 자신의 비밀을 털어놓고 얘기할 수 있는 아주 친한 관계, 어려운 상황에 처했을 때 도움을 청할 수 있는 수준의 관계는 어쩌면 아주 적은 수의 사람들이 될 것이기 때문이다. 소위 사회심리학자들이 말하는 '공감집단'은 내가 죽었을 때 심한 정신적 충격을 받을 정도의 관계를 유지하는 집단이라는데, 던바의 법칙에 따르면 이 숫자는 15명 이내라는 것이다. 아마도 이 숫자를 넘어선 인간관계의 숫자는 개인의 성향에 따라 차이가 있을 것이다.

필자의 페이스북 친구는 오래전 150명이 넘었다. 페이스북은 5,000명이 될 때까지 계속 '알 수도 있는 사람'이라고 친구를 추천해주고, 점차 숫자가 늘어난다. 휴대폰 연락처에는 수많은 사람의 전화번호가 저장되어 있다. 그러나 함께 밥을 먹자고 하거나 술 한잔하자고 전화할 수 있는 사람은 제한적이다. 디지털 세대의 인맥은 쉽고 편리하게 늘릴 수 있다. 양적으로는 더 이상 던바의 법칙이 적용되지 않을 것 같은데, 질적으로 보면 여전히 던바의 법칙이 적용되는 것은 아닐까 싶다.

이제 내가 알고 있는 사람에게 질문을 해보면 어떨까? 제가 당신이 알고 있는 150명 이내에 포함되나요? 던바의 수는 서로 만나지 않거나 차 한잔하지 않고 시간이 흐르면 결국 관계가 사라지는 현대인에게 다른 사람에게 내가 얼마나 중요한 사람으로 간주되는지 그 질적인 인간관계를 이해하는 수단이 된다.

아리스토텔레스와 카테고리
어디의 멤버가 될 것인가

✕
✕
✕

‘멤버’는 구성원을 뜻한다. 그런데 구성원이라는 개념은 반드시 그것이 속한 집단 혹은 집합이 있음을 의미한다. 이것을 수학적인 관점에서 바라보면 수학적 집합론을 연상할 수 있지만, 철학적으로 바라보면 어떤 개념이 속하는 범주를 생각할 수 있다.

인터넷 쇼핑이 일상화된 오늘날 우리는 일상적으로 정확히 이 ‘범주’ 개념을 접하고 있다. “나는 그런 어려운 개념을 별로 생각한 적이 없는데?” 이런 생각을 하는가? 하지만 인터넷 쇼핑몰에서 원하는 물건들이 담긴 카테고리를 클릭했을 것이다. 이 ‘카테고리category’의 어원은 고대 그리스어에서 찾을 수 있다.

카테고리는 그 근원이 철학에 있기 때문이다. 고대 그리스의 철학자 아리스토텔레스가 바로 카테고리(범주)라는 말을 만들어

냈다. 아리스토텔레스는 우리의 평범한 생각이 어떤 경우에 올바르고 어떤 경우에는 잘못되었는지에 대한 규칙을 설정하기 위해서 우리의 생각을 분석했다. 참 재미없어 보일지 모르는 이 작업은, 오늘날 인공지능을 만들기 위해서 우리 생각을 프로그램으로 만들 수 있도록 문법 규칙을 생각하는 것과 같은 것이었다. 현대 학자들이나 할만한 작업을 2,500년 전에 했으니, 아리스토텔레스의 메시지가 지금도 유효한 이유가 여기에 있다.

과학자들이 물질을 구성하는 원자를 찾듯이 아리스토텔레스는 우리의 생각을 구성하는 최소 단위를 찾아보았다. 그리고는 그것에 '개념concept'이라는 말을 붙였다. 새로운 상품이나 아이돌 그룹이 만들어질 때 어떤 콘셉트를 내세우는지 치열하게 따지는 것을 상상하면 이해하기 쉽다. 그런데 이 '콘셉트'의 출처도 아리스토텔레스다. 기본적인 뜻은 '의미'이다. 그리고는 이 콘셉트, 즉 의미들을 종류별로 분류했다. 이 분류를 범주라고 불렀다. 늑대와 호랑이 토끼는 모두 '동물'의 범주에 넣었고, 동물과 식물은 '생물'의 범주에 넣는 식이다.

범주화를 잘 하면, 그 범주에 의해서 구성원의 능력이 결정된다. 어떤 식물이 '식용'이라는 범주 안에 들어간다면 그것은 먹을 수 있는 것이 되고, 어떤 자동차가 '스포츠카'의 범주 안에 들어간다면 상당히 재빠르게 속도를 올릴 수 있다는 의미일 것이다. 이와 마찬가지로 개념들 역시 그것이 속한 범주에 따라서 다른 어떤 개념들과 결합될 수 있는지를 알 수 있다. 이것이 아리스토텔레스가 범주를 구분한 이유이다.

그렇다면 범주를 바꾸어서 구성원의 능력을 바꿀 수 있을까? 철학은 엄격한 학문이니 그럴 여지가 적지만 우리 삶은 다를 수 있다. 《왕자와 거지》라는 소설을 보면 매우 닮은 두 사람이 단지 왕족과 거지라는 범주가 바뀜에 따라 삶까지 바뀌는 것을 보여준다. 이것이 그대로 한국 사회에 작용되고 있으니, 많은 사람들이 일류 대학에 입학하려고 기를 쓰는 까닭이다. 출신 대학이라는 꼬리표는 곧 범주가 되고, 그 범주의 구성원이 무엇을 할 수 있는지를 보여준다. 그리고는 곧 결정한다.

멤버가 된 과학자들
전문가 집단이 된다는 것

✕
✕
✕

나는 어디에 있는가? 인간이 우주의 중심에 있다고 믿었던 세계관(지구 중심설, 천동설)은 코페르니쿠스의 태양 중심설(혹은 지동설)과 케플러의 행성운동의 법칙, 뉴턴의 운동법칙(자연 원리)과 만유인력의 법칙(운동 원인)에 의해 폐기되었다.

중심은 하나밖에 없는 것으로서 우주에서 가장 특별한 장소인 중심에 있기 때문에, 인간은 우주에서 가장 특별한 존재로 오랫동안 믿어왔다. 이 믿음은 과학혁명의 시기를 거치면서 인간이 우주에 대해서 더 소박한 관점을 가져야 하며 스스로에 대해서도 특별하게 생각하지 말 것을 요구하게 되었다. 뉴턴 역학은 단지 자연의 운동을 설명하는 역학 체계를 넘어서, 우주와 인간에 대한 관념에도 혁명적인 변화를 주었다. 이렇게 객관적인 관찰과 합리적인 이론으로 과학이 정립되던 과학혁명의 시기에는 과학을 실행하는 방법에 있어서도 큰 변화가 일어났다.

고립되어 개인적으로 연구하던 과학자들이 협회society를 결성하여 서로의 연구를 교환하고 토론하면서 과학은 개인의 연구를 넘어 집단지성으로 자리 잡게 된다. 서로의 연구를 들여다보고 검증하면서 객관성을 확보하고, 더 발전된 결과를 낼 수 있게 된 것은 과학의 발달에서 중요한 변화였다.

각자의 연구를 개인적으로 알리는 것 이상으로, 협회에서 논문 형식으로 발표하는 연구 성과를 회원들이 모두 접근할 수 있다는 장점이 있었다. 발표한 논문을 더 널리 알리기 위하여 과학 전문 학술 잡지가 창간되고, 비로소 과학이 대중과 함께 호흡할 수 있는 길이 열렸다.

과학 협회에 소속된 회원은 '과학자'라는 전문 직업으로 새롭게 인식되었으며, 1601년에 조직된 최초의 과학 단체 '린체이 아카데미'는 체시 공작의 후원을 받는 32명의 과학자들로 구성되었다. 갈릴레이도 이 단체에 참여하여 활동했는데, 후원을 받는 과학자는 연구에만 전념할 수 있었다. 피렌체에 페르디난도 대공의 후원을 받는 실험 아카데미가 출현하기도 했는데, 이처럼 이탈리아에서 출현한 과학 단체들은 강력한 후원자인 귀족의 사후에는 더 이상 유지되기 어려웠던 특징이 있다.

영국에서는 국가적 관점에서 1660년에 영국왕립과학협회가 창립되어 회원 수와 기능을 확대하면서 오늘날까지 왕성한 활동과 지적 성취를 자랑하고 있다. 왕립학회의 회원 자격은 특별한 조건이 없었으며 일정한 액수의 회비를 내고 자연과학에 관심이 있으면 누구라도 회원이 될 수 있었다. 창립 당시에 100여 명이던 회원은 10년 뒤 200명으로 늘었고 1800년에는 500명으로 증가했다. 회원의 자격만이 아니라 연구 주제에 대해서도 별 제약이 없었기 때문에 왕립협회에서 발표되는 과학연구들은 개인적이고 산만한 경향이 없지 않았다. 한편으로 가장 유명한 대중과학 강연회 중의 하나인 크리스마스 과학 강연은 1825년에 시작되었는데 과학자가 아닌 일반 시민들을 대상으로 과학의 원리와 흥미로운 과학적 사실들을 제공하며 지금까지도 많은 사랑을 받고 있다. 왕립학회는 사실상 영국의 과학 아카데미 역할을 하며, 논문을 발표하고 검증하면서 최초의 과학협회로서 인정받는다.

1666년에 세워진 프랑스의 왕립과학아카데미는 영국과 달리 회원들이 모두 직업적인 과학자였으며 회원도 16명으로 제한했으나 국적의 제한을 두지 않아서 회원은 과학자로서의 권위를 인정받을 수 있었다. 네덜란드의 호이겐스나 덴마크의 올레 뢰머와 같은 이국인도 회원이었다. 회원인 왕립과학아카데미 과학자들은 왕으로부터 급여를 받아서 연구했으며 왕이 위탁한 과학적 문제들을 조직적이고 체계적으로 연구할 수 있었다. 프랑스는 물리량을 표준화하는 것에 대하여 관심을 많이 가졌는데, 국제단위계를 유지하기 위해 만들어진 국제 도량형 총회도 파리에서 개최되었다. 프랑스 왕립과학아카데미는 남아프리카에 탐사대를 보내서 길이의 표준인 1미터를 정의했으며, 1875년 파리에서 17개 나라에 의한 최초의 도량형 조약인 미터 협약을 열기도 했다.

기본적인 물리량의 표준을 규정하는 '국제단위계'를 'SI 단위계'라고도 하는데 SI는 프랑스어 Système international(영어로는 International System of Units)를 줄여서 쓴 것이다. 이렇게 프랑스의 왕립아카데미는 훨씬 조직적이고 전문적인 연구와 정책적인 연구를 수행했다는 점에서 영국 왕립협회의 자유로우면서 산만한 분위기와 대조가 된다. 그러나 이러한 통제적 아카데미는 한편으로는 막강한 권한을 갖는 아카데미 대표에 따라서 연구의 방향이 한정되는 취약성도 갖고 있었으며, 연구 주제와 방향에 대해서도 지속성을 갖기 어려웠다. 영국과 프랑스의 과학자 집단의 특성은 서로 비교가 될 정도로 많이 달랐으나 각자의 방식으로 인류의 지적 성취를 이루어갔고, 다른 나라들에게 영향을 주며 과학을 실행하는 방법에 있어서 발전이 일어났다.

현대의 과학자들 역시 학교뿐 아니라 학회나 협회라는 과학자 단체에 소속을 두고 연구를 발표하며 집단지성의 검증을 받는다. 회원들은 다른 회원의 논문을 심사하고 보완을 요청하기도 하면서 더 좋은 연구결과를 내도록 돕는다. 가끔씩 전문가들의 검증을 받지 않고 언론으로 홍보하는 연구도 있지만, 이런 경우 대개는 전문가 단체에서 검증을 통과하기 어려운 것들이다. 사이비 과학 수준일 정도로 엉터리인 주장이 언론에 등장하기도 하며, 이름만 번듯한 국제 과학협회에서 발표하고 현실에 이용하는 엉터리 과학자가 사회문제가 되기도 한다.

사회

집단 의사결정의 한계
우리의 결정은 최선이 아니다

✕
✕
✕

우리의 의사결정은 어떻게 이루어질까? 모든 부분을 빈틈없이 고려해서 이루어질까? 아니면 늘 해오던 대로 익숙한 방식을 거쳐 그 정도면 충분하다는 수준에서 결정이 이루어질까? 개인적 차원이 아니라 기업 혹은 국가기관에서 중요한 의사결정을 할 때라면 어떻게 이루어질까?

개인 수준은 물론 기업이나 국가차원에서도 '그만하면 충분하다' 정도인 수준의 대안이 해결책으로 채택되는 경향이 매우 높다. 왜냐하면 대안의 개수는 너무나 많은 데 비해 우리의 인지적 자원은 매우 제한적이기 때문이다. 우리의 이성과 합리성은 분명히 한계가 있기 때문이며, '제한적 합리성'으로 대안을 결정한다는 것이다,

1978년 노벨 경제학상을 수상한 허버트 사이먼에 따르면 인간은 환경으로부터 모든 정보를 인지하고 처리할 수 없는 한계를 가지고 있다. 그렇기 때문에 의사결정의 상황에서 제한된 정보 및 자료만을 이용하게 된다. 우리는 결국 어떤 의사결정을 할 때는 자기가 갖고 있는 제한적 범위 내의 판단체계 아래에서 결정하기 때문에, 좋은 의사결정을 하기 위해서는 제한적 범위를 넓게 가져가는 것이 아주 중요하다. 의사결정은 인지능력의 한계로 최선이라기보다는 최적의 의사결정에 머무를 수밖에 없다.

집을 구할 때 우선 여러 가지 요인(교통, 교육, 주변 환경 등)을 고려하여 거주하고 싶은 지역을 정했다고 하자, 결정한 그 지역의 모든 집을 다 돌아다녀보고 가장 적합한 집을 구하면 좋겠지만 현실적으로 불가능한 일이다. 현실은 몇 곳의 공인중개사 사무소에 들러, 가능한 범위 내에서 가장 좋다는 집을 선택하여 그 집을 거주하고 싶은 곳으로 결정한다는 것이다. 정보의 홍수 속에서 인간의 지식은 무한대로 늘어날 수 있다고 하더라도 그 정보 속에서 어떤 정보를 선택할 것인가의 문제는 여전히 남아 있다. 우리가 올바른 결정을 내리고자 할 때 직면하는 중요한 문제는 정보의 부족이 아니라 결국 정보를 처리하는 우리의 능력 그 자체 한계를 지니게 된다는 것이다. 정보가 넘쳐나는 인터넷 시대에서도 인간의 의사결정 능력은 크게 향상되지 않기 때문이다.

지금까지 의사결정은 언제나 최적화를 지향했다. 최적화란 주어진 조건을 충족시키면서 목적하는 바를 극대화 또는 극소화시키는 의사결정 구조를 다루는 방식이다. 최적화는 인간을 합리적인 인간으로 전제하고 그가 모든 정보를 가진 전지전능한 상황을 가정한다. 그런 전제 하에서 특정 문제에 대한 모든 해결책과 대안을 탐색하고 평가해 최선을 선택하는 의사결정 방식이다. 결국 전통적으로 의사결정은 완전한 정보 속에서 인간의 합리성을 전제로 한다. 최적화가 문제에 대한 모든 해결 대안을 열거하고 각 대안에 대한 예상 결과를 평가한 후 최선의 것을 규범으로 선택하게 하는 것이 가장 이상적인 의사결정 방법임에는 틀림없다. 그러나 최적화는 문제에 대한 제대로 된 상황 인식과 문제해결 대안과 각 대안의 예상결과에 대해 모든 정보를 다 갖고 있는 경우에만 실행 가능한 방식이다.

사이먼이 주장한 제한적 합리성은 최적화와 다른 각도에서 '만족화'라는 의사결정 과정을 제시하고 있다. 만족화는 최적화와 달리 미래의 가능성에 대해 많은 것을 알고 있지 못할 때 모든 대안을 탐색하는 대신에 가능한 대안만을 탐색하고 이들을 개별 인간의 욕망 수준에 기초하여 평가하다가 그만하면 충분하다고 느끼는 욕망 수준을 설정하고 대안을 탐색하고 평가해나가다가 욕망 수준을 능가하는 대안을 발견하면 그것을 선택하게 된다. 따라서 만족화에서는 제한된 합리성만을 추구할 뿐이다.

너무나 많은 불확실성과 상충 요인이 혼재된 현대사회에서 최적화된 의사결정은 현실적으로 가능하지 않다. 오히려 그 정도면 충분하다는 수준에서 의사결정이 이루어지는 것, 그것이 충분히 인간적인 대안 선택 방법일 수 있다.

15장

리더

섬김의 리더십

리더는 어떻게 소통해야 하는가

✕
✕
✕

우는 아이에게 떡 하나 더 준다.

어떤 상황이 벌어졌을 때 불평하는 사람에게 신경을 더 쓴다는 의미가 담긴 속담이다. '불평不平'의 한자 의미만 해석하면 '평평하지 않다'이지만 실제 쓰임새는 보다 부정적이다. 하지만 이 불평은 위계질서가 엄격한 동양사회에서는 잘 드러나지 않는다. 윗사람에게 공평하지 못한 상황에 처한 자신의 의견을 자유롭게 말하기가 쉽지 않기 때문이다. 자칫 불평불만이나 늘어놓는 '투덜이'라는 낙인이 찍히기 쉽다.

이유는 간단하다. 윗사람은 '시키다'를 맡고 아랫사람은 '하다'라는 고속성장시대의 역할분담에 매몰되어 있어서다. 물론 디지털경제로의 전환 등 외부적 요인으로 기업은 앞다투어 애자일 경영 등 해외의 선진 경영이론을 실시간으로 받아들이지만, 기업문화로 정착되기는 쉽지 않다. 그래서 '꼰대', '틀딱(틀니+의성어 딱딱)'를 비롯해 젊은 리더를 가리키는 '꼰대 꿈나무' 등의 속어가 쉽게 퍼진다.

'수평적인 소통'이란 각자의 불평을 말하고 설득하는 과정을 거쳐 불만을 없애는 조직 내 커뮤니케이션 과정이다. 여기에 중요한 것은 하나의 목표를 달성해나간다는 방향성에 근거해야 한다. 즉 조직이 내세운 비전을 실현하기 위해 모인 구성원들이 최고의 목표를 달성할 수 있도록 해주는 것이다.

그동안 리더의 덕목은 1990년대 이후 경영학자들의 연구 덕분에 실천방법론이 다양하게 제시되어왔다. 대표적인 리더십이 '섬김의 리더십servent lerdership'이다. 섬김의 리더십이란 1970년대 미국의 로버트 그린리프가 만든 개념으로 미국 경영학계에서 주목한 시기는 그가 사망한지 20년이 지난 1990년대였다. 그린리프가 남긴 책 《봉사자 리더》(1970) 등을 바탕으로 출간된 《서번트 리더되기》(1998)가 경영학계에서 새로운 리더십 모델로 주목받기 시작했다.

섬김의 리더십은 다른 사람을 먼저 생각하고 봉사하는 데 집중하는 리더십이다. 리더의 역할은 구성원과 고객을 우선으로 여기고 그들의 욕구를 충족시키기 위해 먼저 노력해야 한다는 것. 리더가 봉사자가 되어야 비로소 구성원들이 스스로 역량을 개발할 수 있는 환경이 만들어진다는 의미다. 섬김의 리더십은 인내,

친절, 겸손, 존중, 무욕, 용서, 정직, 헌신, 권위 등 10개의 덕목으로 구성되어 있다. 섬김이라는 단어에서 알 수 있듯이, 종교적인 색채가 짙다.

그린리프는 헤르만 헤세의 소설 《동방순례》에 등장인물 '레오'를 내세워 이론을 만들었다. 자신의 신분을 내세우지 않고 순례단의 잔심부름까지 하는 하인과 같은 낮은 위치에서 순례단에 모인 사람들의 지친 영혼을 위로해준 레오가 리더의 원형이라고 본 것이다.

섬김의 리더십은 이후 리더의 덕목으로 자리 잡으면서 커뮤니케이션 분야에서는 경청 등이 리더의 기본 자질이라고 공인되어 왔다. 이론적으로 따지자면 리더들은 이제 들을 준비가 되어 있는 사람이다. 그렇다면 구성원들은 자신의 이야기를 제대로 이야기할 수 있는 준비가 되었을까. 불평을 말할 때에도 테크닉이 있다. 자신의 의견을 정확하게 그리고 쉽고 간결하게 전달해야 한다. 의견을 제대로 이야기 하는 팁 하나를 소개하고자 한다. 상징을 사용해 간결하게 설명할 수 있어야 한다.

인권운동가 마틴 루터 킹 목사는 '나는 꿈이 있습니다'라는 연설을 통해 흑인들의 인권문제를 미국사회에 알렸다. 노예로 끌려와 갖은 고초를 당한 흑인사회의 불평등함을 토로한 것이 아니라 '꿈'이라는 메시지를 통해 모든 인간은 평등하다는 미국의 헌법정신을 되살려내 커다란 공감대를 이끌어내는 데 성공했다.

상징은 사람들의 마음에 잠재된 공통분모를 건드리는 방법이다. 꿈, 희망, 자유, 평등, 행복 등 신념과 가치관이 담긴 단어를 시각적으로 표현해내는 것이다. 이를테면, 십자가, 국기, 브랜드, 로고 등이 구체적인 사례다.

어휘력이 부족한 어린아이에게는 가장 큰 무기가 울음이겠지만, 나이가 들면 통하지 않는다. 자신의 불만이 무엇인지 정확하게 이해하고, 이를 상대방에게 설득할 때 비로소 불평은 사라지는 것이다. 어떤 수단을 동원하더라도 정확하고 쉽게 설명하기란 처음부터 쉽지 않다. 위아래 상관없이 자신의 불평을 상대방에게 쉽게 전달하기 위해 노력할 때 시너지는 커지게 마련이다.

소통형 리더의 시대
이 시대의 리더의 조건

✕
✕
✕

조직의 성패는 리더십에 달려 있다고 해도 과언이 아니다. 유능한 리더가 이끄는 조직은 그 조직의 구성원을 리드하면서 변화하는 환경에 효과적으로 대응하기 때문이다. 리더십은 조직의 목표와 구성원들의 행동을 연결시켜주는 중요한 기능을 수행한다. 조직은 구성원들이 가지고 있는 이해관계를 매개로 하여 이루어진 하나의 단체이기 때문에 이들의 협업적 활동과 원만한 상호작용 없이는 조직이 추구하고자 하는 목표를 달성하기 어렵기 때문이다. 그런데 이런 조직과 조직구성원, 그리고 리더의 관계를 설명하는 것은 시대적 변화를 거치면서 경험을 통해 나타난 정의들이다.

　현대 사회는 내재되어 있는 다양한 가치가 끊임없이 변화하고, 위기와 기회가 지속적으로 반복되는 속성을 지닌다. 때문에 기존 전통적 리더십 이론에서 변화와 변화를 거듭하여 최근 주목받는 리더십에 대한 논의로 이어졌다.

1930~1940년대 전통적인 리더십은 개인 성향에 초점을 두고 리더가 되는 사람은 남과 다른 특징이나 특성을 지닌 존재로 보았다(특성이론). 리더의 능력은 타고난 것이며, 리더와 이를 따르는 사람을 구별하는 특별한 능력에 주목했다. 그런데 어떤 특성이 주요 특성인지, 그러한 특성이 구성원과 어떻게 상호작용하여 리더로서 영향력을 행사하는지를 설명하지 못했다. 더군다나 리더의 선발이나 리더십을 키우는 데 관심을 기울이지 못했다.

1950년대에 들어오면 이번에는 리더의 행동으로 관심이 이동한다. 리더십의 효과는 리더의 효과적인 행동과 관련 있다고 보고 리더의 계속적인 행위가 구성원들에게 동기부여 및 조직의 목표달성에 기여하는지에 초점을 두었다. 이러한 주장은 리더가 갖는 특성이 아니라 구성원들에게 보여주는 행동으로 리더의 행동은 습득되고 행사될 수 있다고 보고 리더가 어떤 행동을 보이느냐에 따라 리더십의 효과성이 결정된다는 주장이다(행동이론). 그러나 리더의 행동 중 어느 측면이 가장 중요한지 상황에 따라 달라지는 한계가 있으며, 조직의 상황을 고려하지 않아 관리 상황에서 적용 가능한 최고의 리더십 스타일이 존재하지 않는 단점이 있다.

1960~1970년대의 효과적인 리더십은 리더의 특성뿐 아니라 환경을 만든 상황에 의해 결정된다고 보고, 리더는 상황에 영향을 받는 존재로 보았다(상황이론). 상황은 리더와 구성원들의 특

성, 과업의 성격, 집단구조 등이 포함된다. 리더의 개인적 특성이나 자질과 무관하게 조직적 상황에 부합하는 리더십을 중요하게 보았다. 그러나 상황을 고려하는 리더의 행동범위가 너무 포괄적이며, 상황변수를 너무 단순화시켜 리더의 유효성을 설명하기에 부족한 측면이 있다.

1980년 중반 이후 다양한 이론들을 통합한 리더십이 주목을 받게 된다. 리더는 새로운 비전을 필요로 하며, 조직 구성원들로 하여금 리더에 대한 신뢰를 갖게 하는 카리스마는 물론 조직 변화의 필요성을 감지하고 그러한 변화를 이끌어낼 수 있는 새로운 비전을 제시할 수 있는 능력이 요구되었다(변혁적 리더십).

지도자가 구성원들에게 기대되는 비전을 제시하고 명확한 목표와 그 목표를 달성했을 때 그에 대해 보상하는 것으로 교환거래 관계에 바탕을 둔 리더십도 나왔다(거래적 리더십). 조직 내에서 리더만이 조직원을 관리하고 통제하는 것이 아니라 구성원들 모두가 스스로 자율적으로 관리하고 조직을 이끌어나갈 수 있도록 상황을 마련하고 적극 도와주는 것을 중요하게 생각했다(셀프 리더십). 그리고 구성원과 목표를 공유하고 구성원들의 성장을 도모하면서 리더와 구성원간의 신뢰를 형성시켜 궁극적으로 조직성과를 달성하게 하는 리더십도 강조되었다(서번트 리더십).

최근에는 소통형 리더십이 주목을 받고 있다. 소통형 리더는 전문성과 열정을 지니며 무엇보다 공정성을 중요하게 생각하는 공감대 안에서 구성원들과 소통한다. 리더십의 형태는 조직의 목표를 효과적으로 달성하기 위해 어떤 유형이 중요했는지에 주목해왔다. 시대적으로 리더십 유형은 변화를 거듭해왔다. 리더십의 유형은 고정적인 것이 아니라 새로운 환경에 지속적으로 적응해야 하는 것으로 변화해왔다. 리더의 역할을 맡고 있는 사람의 행동과 말 등에 그 리더와 함께 일하는 구성원들이 얼마나 진심으로 영향을 주고 받는 관계를 만들어가고 있는지는 지속적으로 변화해왔다는 이야기이다.

앞으로 우리에게 필요한 것은 누군가 말하는, 있어 보이는 리더십이 아니라 지금 우리에게 필요한 리더십이 무엇인가에 대해 생각해보고, 그것에 대해 나름의 답을 만들어보는 노력이다.

과학적 태도와 과학의 리더
한계를 넘고 앞으로 가다

✕
✕
✕

사람의 사회나 동물의 무리, 어느 집단에서든 판단이 요구될 때가 있다. 판단에 따라서 집단이 돌아가는 방식이 결정되고 집단의 운명이 달라지기도 한다. 중요한 판단일수록 집단의 리더가 결정하게 되며, 리더의 진가는 제대로 된 판단으로 집단을 이끌 때 빛을 발한다. 리더는 책임과 권한을 진 존재인 것이다. 과학에서도 마찬가지일까?

과학은 미지의 세상을 개척해가는 탐험과 비슷하다. 알려지지 않은 세상의 법칙과 지식을 찾아서 과학자들은 탐구한다. 보이지 않는 세상을 탐험하는 것은 조심스러운 일이며, 어디로 어떻게 가야 할지에 대하여 과학자들은 때때로 불안하다. 자신이 많은 시간과 정열을 바쳐서 연구하는 것이 과연 얼마나 의미가 있는 것인지, 방향을 제대로 잡고 연구하고 있는지 불안하며 믿을 수 있는 누군가가 말해주기를 바라는 경우도 적지 않다. 어느 시대에서나 어느 사회에서나 어느 분야에서나 이러한 성향은 자연스럽게 나타난다. 검증되지 않는 길을 가는 모험은 쉬운 일이 아니니까.

현대 과학에서도 그 분야에서 혁혁한 성과를 올린 대가가 연구하는 방향을 따라서 과학자들이 자신의 연구 방향을 가늠하기도 하며, 오히려 대가가 지향하는 방향과 다른 방향으로 연구하여 새로운 성과를 찾으려고도 한다.

과거에는 해당 분야의 리더가 갖는 권위와 영향력이 지대했다. 과거로 거슬러 올라갈수록 대가가 정립한 체계를 반박하여 새로운 이론으로 인정받는 것은 쉽지 않았기 때문이다. 대표적으로 유럽 사회는 아리스토텔레스가 각 분야에 남긴 업적과 관점을 넘어서는 데 2,000년 이상 걸렸다. 자연의 기본 원리와 운동에 대해서도 뉴턴이 과학 혁명을 완성하며 아리스토텔레스의 세계관을 넘어섰지만, 뉴턴 역시 아리스토텔레스의 물질 관념에서 유래한 연금술에 심취하고 벗어나지 못했다. 당대의 거인이었던 뉴턴이 빛에 대하여 결정적인 실험을 수행함으로써 흰색이 혼합 빛이라는 것을 확실하게 밝히는 성과를 내었지만, 맥스웰의 방정식으로 빛을 파동으로써 다룰 수 있을 때까지 과학자들은 빛을 입자로 생각한 뉴턴의 관념을 200년 동안 거스르지 못했다. 뛰어난 업적을 이룬 과학자가 다른 과학자들보다 더 멀리 더 자세히 미지의 세상을 더 잘 볼 거라는 믿음 때문에, 과학자들은 리더가 끼치는 영향력에서 자유롭지는 않다.

그러나 인간이 성취한 모든 결과물은 그때까지의 관찰과 이론을 바탕으로 한 것일 뿐, 그 이상으로 지식과 관찰이 확장되면서 대가의 관념과 다른 것들이 얼마든지 나타날 수 있다. 역학에서 아인슈타인의 상대성 이론이 그렇고 하이젠베르크와 슈뢰딩거의 양자역학이 그렇다. 생명의 탄생에서도 17세기에 레디는 아리스토텔레스의 자연발생설을 실험을 통해 반박했으며, 1868년에 파스퇴르는 거시적 생명체만이 아니라 미생물도 생명은 부모 개체로부터 생긴다고 하는 생물 속생설을 확립했다.

과학에서 새로운 리더는 이전의 리더가 갖고 있던 한계를 넘어섬으로써 새롭게 인정받고, 그 시대의 연구주제와 방향에 큰 영향을 미친다. 이렇게 주류가 된 연구들은 시간이 지나며 발달하고 그 덕에 발달한 기술과 이론에 의하여 확장되거나 수정될 기회를 갖게 된다.

리더는 단순히 연구 업적에서만이 아니라, 연구가 수행되는 환경인 과학자 사회에 대해서도 영향력을 행사한다. 힐베르트는 뛰어난 실력을 지닌 여성이 차별받는 과학계의 행태에 분노했으며 개선하려 노력했다. 우주가 팽창한다는 것과 우주가 우리은하 너머로 확장된다는 것을 관측하여 우주에 대한 새로운 지평을 연 천문학자 허블은 비록 노벨상을 받지 못했지만, 그의 노력이 적지 않은 영향을 끼치며 이후에 천문학에서 노벨상이 나올 수 있게 했다.

다른 분야는 차치하더라도 과학에서 리더가 잃지 말아야 할 것은, 과학적 태도와 관점에 따라 책임 있게 행동하는 것이 아닐까.

5부

구분

집단에서 내 길 찾기

16장

분류

과학

린네의 생물 분류
지구상에 존재하는 생명체

✕
✕
✕

지구에는 현재 1,000만 종 남짓의 생명체가 존재한다고 여겨진다. 과거까지 거슬러 올라가면 몇억 종이나 되는 다양한 생명체들이 존재했었다. 이들 생물 종들을 생물학적 연관 관계에 따라서 분류하는 것을 계통학 또는 계통분류학이라 하고, 나무 모양의 그림으로 나타낸 것을 계통수phylogenetic tree라고 한다.

계통수의 가지 끝에는 각 생물종마다 진화의 최종 상태가 매달려 있으며 어떤 가지는 더 이상 자라지 못하고 사라진 생물종의 흔적만 남아 있다. 수없이 다양한 생명체들을 체계적으로 분류하는 것은 학문에서 중요한 일이다. 흩어져 있는 자료들을 어떻게 분류하여 유사점과 차이를 세세하게 구분할 것인가는 매우 중요한 일이다. 좋은 분류법을 통하여 통찰을 얻게 되고 한 걸음 더 나갈 수 있는 것이다.

아주 오래전 사람들은 너무나 제각각으로 다양한 생명체들이 원래부터 그렇게 세상에 나타났거나 혹은 신이 그렇게 창조했을 것으로 생각하고 더 자세하게 알아보려 하지 않았다. 그런데 누가 생물학의 기초가 될 계통분류를 처음 시작했을까?

B.C. 4세기경 아리스토텔레스는 500여 종 이상의 동물을 면밀하게 관찰했고 50여 종의 동물을 해부하기도 하면서 동물을 체계적으로 분류하여 계통분류학을 열었고, 아리스토텔레스의 제자인 테오프라스토스는 이와 같은 분류 방법을 식물계에 확장 응용했다. 아리스토텔레스와 테오프라스토스의 분류방법은 18세기에 이르기까지 큰 변화 없이 2,000년 동안이나 그대로 쓰였다.

18세기에 스웨덴의 박물학자 카를 본 린네는 약 4,000종의 동물, 5,000종의 식물을 다루었으며, 속명 다음에 종명 형용사를 붙여서 두 말로 된 학명을 만드는 이명법을 확립했다. 계통분류학이 체계화되기 시작한 것이다.

이명법에 따르면 학명Scientific Name은 보통 *Homo sapiens* 같이 기울여 표기하며, 손으로 쓸 때는 Homo sapiens와 같이 밑줄 표기하여 일반 단어와 구별한다. 또한 처음에 오는 속명은 언제나 대문자로 시작하고 종명은 소문자로만 표기한다. 학명은 단 두 단어로 모든 생물 종을 표기할 수 있어 효율적이다. 이것은 마치 사람의 이름을 나타내는 것과 비슷하다. 이름은 어느 개체의 정체성을 나타내는 상징적 의미를 갖기 때문에, 그 사람이 어느 집단에 속하는 지를 나타내는 성姓과 개인을 나타내는 이름名을 함께 쓰는 것이 일반적이다. 성과 이름의 이명법으로, 그 사람이 어느 집단에 속하는지 사회적 관계를 알 수 있고 개인의 정체성도 나타낼 수 있다.

현대의 분류학은 데이터베이스 기술을 사용하여 생물종들을 목록화하고 문서로 정리하고 있지만, 공동으로 만드는 표준 데이터베이스는 아직 없다. 대표적인 생물 카다로그에는 2016년 4월까지 알려진 모든 계의 생물종 약 164만 개가 실려 있는데, 알려진 생물종의 4분의 3 이상이 수록되어 있다. 아직도 생물종들의 80퍼센트 이상은 발견되지 못한 상태이고 계속해서 생물종들에 학명이 붙여지고 데이터베이스에 쌓이고 있다.

학명으로 사용되는 낱말의 기원은 다양한데, 어떤 것은 17세기 이후에 라틴어화한 라틴어 신조어이기도 하고, 어떤 것은 고대 그리스어에서 온 낱말이기도 하다. 어떤 경우에는 생물이 발견된 지방의 언어나 지방명, 발견한 사람의 이름이 붙기도 한다. 학명은 새로운 종을 발견한 사람이 등록을 신청하는 것이어서 신청자의 의도가 반영되는 경우가 많다. 현존하는 생물 종의 80퍼센트 이상이 아직도 발견되지 않았다고 하니, 발견만 한다면 우리 각자의 의도를 반영하여 이름을 붙일 수 있는 영광의 길이 아직도 넓게 열려 있다.

사회적 구별 짓기
옷으로 사람을 가늠하다

✕
✕
✕

사람을 만날 때, 상대방이 입고 있는 옷이나 장신구 등을 보면서 그 사람의 취미나 취향을 가늠하기보다 사회적 위치나 교육환경, 나아가 계급이나 사회적 계층을 확인하는 경우가 적지 않다. 당구나 탁구가 취미인 사람과 승마나 골프가 취미라고 하는 사람은 다른 사회적 위상을 가졌다고 생각하는 것과 같은 이유다.

고대 그리스 사람들은 키톤이라 불리는 옷을 입었다. 몸에 천을 두르는 수준에 불과했지만 당시의 기술로는 그 정도의 천을 생산하는 것이 쉽지 않았다는 점에서 귀하고 비싼 물건이었을 것으로 추정된다. 지금의 시선으로 보면 옷이라고 할 수도 없지만 일부 계층에서만 이런 천을 구매할 수 있었을 것이다. 마찬가지로 로마시대 콜로세움에서 행해지는 검투시합을 보러오는 사람들이 입고 있던 옷을 보면 그 사람의 신분이나 계층을 알 수 있다. 남성은 무릎까지 닿는 블라우스 형태의 토니카를 입었다. 로마의 시민만 토니카를 휘감는 토가를 입을 수 있었다. 옷의 색과 천도 계층마다 달랐다. 귀족은 리넨이나 흰 양털로 된 옷을 입었으며, 그중에서도 원로원 의원은 넓고 붉은 줄이 있는 토니카를 입었다. 기사계급은 자주색 장식을 착용할 수 있었지만, 평민이나 노예는 단순하고 어두운 색의 옷을 입어야 했다. 신발도 신분에 따라 귀족은 붉은 색이나 주황색 샌들을 신었고, 원로원 의원은 갈색 신발, 집정관은 흰색 구두를 신었다.

과거 우리나라에서도 옷을 통해 신분이나 계급을 구별했다. 조선시대 사람들은 신분에 따라 갓의 크기나 모양이 달랐으며, 계급에 따라 복장의 장식이나 옷 색깔도 달랐다. 갓은 단순히 햇빛을 가리는 용도나 비를 피하기 위해 사용했지만 양반에게만 허용되었다. 양반은 겉으로 보기에도 화려한 장신구와 신발을 갖추고 있었으나, 평민들은 양반처럼 꾸미고 다닐 수 없었다. 두루마기라는 겉옷은 오직 양반만 입을 수 있었으며, 양반은 가죽이나 비단으로 만든 신발을 신고 다닌 반면 평민들은 볏짚을 묶어 만든 짚신을 신거나 나무로 만든 나막신을 신기도 했다. 이러한 구분은 여성들에게도 마찬가지로 적용되었다. 양반집 여성들의 치마는 대부분 땅에 닿을 정도로 길게 늘어뜨려져 있고, 폭도 넓은 편이며 계절에 따라 장신구도 바뀌었다. 반면, 평민 여성들은 일을 해야 하기 때문에 치마 길이가 비교적 짧고 계절에 관계없이 입을 수 있도록 무늬가 들어가지 않는 치마를 입었다.

이처럼 다른 신분이나 계급을 표시하기 위해 사람들의 눈에 가장 띄기 쉬운 것으로 모자나 옷을 선택한 것이며, 과거로 갈수록 이러한 표시는 노골적이며 직접적이었다. 물론 오늘날에도 간접적이고 은밀한 방식으로 구별 짓는 행위는 지속되고 있다. 이처럼 구별 지으려는 노력은 인류의 역사와 함께 진화해온 셈이다. 과거와 현재의 다른 점이 있다면 과거에는 신분과 계급을 중심으로 사람을 구별하려고 했다면, 오늘날은 문화와 취향에 따라 서로를 구별하는 경향이 있다.

프랑스 사회학자 피에르 부르디외는 개인적 취향이 사회적으로 결정되며 이를 통해 사회적 구별 짓기가 벌어진다고 했다. 사회적 구별 짓기는 곧 계급적 차별화를 의미한다. 현실세계에서 취향은 고급 취향 혹은 대중 취향으로 대립을 이룬다. 명품을 가지려고 하는 것도 암암리에 우월함을 보여주고 싶은 심리와 관련이 있다. 사람들은 이러한 사회적 분류 체계 속에서 자신의 계급적 위치를 발견하게 된다. 이러한 구별 짓기 노력은 일상생활의 모든 영역에서 나타난다. 현실 속에서 단순한 미적 취향을 넘어 문화적, 사회적 취향이 되었으며, 좀 더 확대해서 취향과 안목을 몸에 익히는 체화 형태, 예술품, 명품 등을 소유하는 소유 형태, 졸업증, 학위증 등 제도적으로 공인된 증서를 획득하는 자격증 형태 등으로 점차 자본화되었다.

과거에는 왕족이나 귀족같이 정치적으로 권력을 행사했던 사람들만 고급으로 규정되었다. 그런데 고급스럽고 품격 있는 것으로 규정하는 것은 원래부터 그런 것이 있는 것이라기보다는 사람이 만들어낸 것이라는 점에 주목할 필요가 있다. 사회가 성숙하고 민주화될수록 특정한 취향이 고급스러운 것이라고 규정되지 않고, 다양한 취향을 존중하는 경향이 강해진다.

카스트제도가 말하는 것
인격을 분류해드립니다

╳
╳
╳

룸비니 동산에서 마야부인의 옆구리에서 태어난 석가모니가 사방으로 일곱 걸음을 걸은 뒤 하늘과 땅을 가리키면서 말했다. "천상천하 유아독존" 그리고 이어지는 외침, "삼계개고 아당안지." 당최 이게 무슨 말인가. "이 세상에 오직 나만 존귀하고, 삼계가 고통 속에 있으니 내가 마땅히 평안케 하리라"는 뜻이란다.

석가모니는 인도 카스트의 크샤트리아 계급으로, 가장 상위의 브라만에 이어 두 번째 계급에 해당된다. 모두가 알다시피 석가모니는 왕자였는데, 왜 두 번째 계급일까? 첫 번째 계급인 브라만은 성직자(승려)에 해당하기 때문이다. 성직자를 제외하고는 가장 높은 계급이 왕과 무사에 해당하는 크샤트리아 계급이다.

또 석가모니가 마야부인의 '옆구리'에서 태어났다는 표현 또한 카스트의 계급과 관련이 있다. 힌두교 전통에 따르면 창조신 브라흐마가 진흙으로 인간을 창조했고 그 창조물을 세상에 내어 놓는 출구에 따라 네 개의 계급으로 나뉜다.

즉, 성직자인 브라만은 창조주의 머리에서 나왔고, 왕족인 크샤트리아는 옆구리(혹은 오른손과 왼손이라고도 한다)에서 생겨났으며 평민인 바이샤는 허벅지에서 나왔다. 그리고 마지막 천민 계급 수드라는 브라흐마의 발에서 나왔다고 한다. 브라흐마에게서 태어나지 못한, 그래서 네 개의 계급에도 속하지 못한 마지막 계급 달리트는 '억압받은 자' '파괴된 자'라는 의미로 사회의 가장 하층을 형성하고 있다. 우리가 흔히 알고 있는 불가촉천민이다.

'카스트'라는 말은 포르투갈어 '카스타'에서 나온 것으로 '혈통의 순수성'이라는 뜻이다. 단어가 내포하듯이 태어날 때부터 정해진 계급은 죽기 전까지 변하지 않는다. 흔히 이방인의 시선으로는 계급이라고 정리하지만, 실상은 '가문'에 가까운 개념이다. 즉 인도인들 사이에서는 특별히 신분에 대해 확인하지 않아도, 이름과 성만으로도 계급을 알 수 있다고 한다. 조선시대 양반과 천민처럼, 특정한 성의 '혈통'을 가리키고 있다. 실제 인도에서는 카스트라는 말보다는 '바르나'라는 용어를 사용하는데, '색, 컬러'라는 의미를 가지고 있다. 피부가 뽀얗고 하얀색일수록 상위 계급에 속하고, 검은색에 가까울수록 하위 계급에 속한다.

도대체 이런 신분제도는 왜 생겨났을까. 학자들에 따르면 카스트제도가 처음 생겨난 것은 아리아인이 인도에 침입한 B.C.

1300년 전후라고 한다. 원래 인도에 자리 잡고 있던 원주민들을 지배하기 위해서는 종교와 계급만큼 용이한 수단이 없었다. 힌두교와 카스트 제도는, 원주민보다 수적으로 적은 아리아의 지배 계급이 그들과 원주민을 분명하게 나눠놓음으로써 원주민과 혼합되는 것을 막고, 자신들의 통치를 정당화하기 위한 것이었다.

그리고 혹여라도 그들이 폭동을 일으키지 않도록 당근이 필요했다. 이번 생은 너의 카르마(업보)로 그러한 계급으로 태어났지만, 이 생에서 선한 행동을 하면 다음 생에서는 더 높은 계급으로 환생한다는 것이다. 그러니 신의 뜻에 따라 역경을 이기며 부지런히 (상위 계급을 위해) 선행을 하라며 속삭인다.

세상에 오직 존귀한 존재인 크샤트리아로 태어났지만 고통 속에 있는 중생들을 평안케 하겠다던 석가모니. 그분이 세상에 오신 지 3,000년이 넘었건만, 여전히 석가의 나라 인도에서는 카스트 제도가 사라지지 않고 있다.

물론 인도 공화국 정부는 카스트를 뿌리 뽑기 위해 애를 쓰고 있다. 헌법 차원에서 카스트를 부정했으며, 인도 정부에서 카스트 제도를 '악습'으로 규정하고 근절하려 노력하는 것도 사실이다. 시대에도 맞지 않고, 국가 발전을 저해하기 때문이다. 그러나 아직도 지방 깊숙한 곳까지는 철폐가 쉽지가 않아서 카스트 근절은 지금도 현재진행형이다.

석가모니도 해결하지 못한, 살아서는 벗어날 수 없는 잔인한 인격의 카테고리. 업보라고 받아들이기에는 너무 가혹한 인생이다. '이번 생은 망쳤다'는 기분으로 평생을 살아내는 불가촉천민

인생들에게도 다음 생에는 석가모니의 자비가 가득하기를. 그리고 다음 생에는 이런 제도가 없어지기를.

존 듀이의 십진법
도서관의 짧은 역사

×
×
×

고대 프톨레마이오스 왕조를 건립한 프톨레마이오스 1세는 B.C. 306년 알렉산더 대왕이 수세기 동안 건설한 지중해 연안의 항구 도시 알렉산드리아에 고대 헬레니즘 학당인 무세이온(박물관 혹은 미술관의 라틴어 어원)을 세웠다. 아들의 교육을 위해 인근에 비블리아시카(도서관의 어원으로 독서와 연구를 위한 장서 혹은 책을 보관하는 곳이라는 뜻)도 지었다. 이는 카이사르가 이집트 정벌 당시 불타 사라져 기록으로만 남아 있는 알렉산드리아 도서관이다.

알렉산드리아 도서관은 당대의 지식을 집대성한 인류 문명의 보고였다. 지동설을 주장한 아리스타르코스, 지구의 둘레를 계산했던 에라토스테네스, 천문학을 집대성하고 천동설을 주장했던 프톨레마이오스, 기하학을 연구했던 유클리드 등이 이곳에서 공부했다.

근대 이전까지 소수 지배층의 전유물이었던 정보와 지식이 대중으로 퍼진 것은 산업혁명기를 지나면서부터다. 특히 도서관이 대중의 곁으로 한층 가까워진 것은 19세기에 이르러서다. 그 과정의 한가운데에 미국의 사서 겸 교육자이자 발명가 겸 사업가인 멜빌 듀이가 있었다. 듀이 이전에도 도서를 분류하는 방식은 다양했다. 그러나 지식이 있는 사람들만 알 수 있는 그들만의 방식이 대부분이었다.

듀이는 10개의 항목으로 모든 지식의 분야를 구분하고 각 분야마다 숫자를 추가해 도서를 분류하는 방식을 고안, 1876년 듀이의 십진분류법을 발표했다. 무엇이든 이용하기 쉽고 편리해야 널리 퍼지는 법. 듀이의 십진분류법은 아라비아 숫자만으로 이루어진 순수 기호법으로, 구조가 단순하고 이해가 쉬웠으며 확장성이 커 새로운 지식이 등장하면 비교적 쉽게 지식의 영역을 수용할 수 있었다. 그 덕분에 역사적인 도서 분류법 중 가장 세계적으로 널리 퍼지게 되었다.

듀이는 효율적인 교육에 관심이 많았던 인물이다. 그가 효율에 방점을 둔 이유는 열여섯 살에 심한 감기로 죽음의 문턱까지 갔던 경험 탓이었다. 그는 자신에게 주어진 제한된 시간을 잘 활용해 인류에게 이로운 것을 될 수 있는 한 많이 하려는 열정적이면서도 효율 중심주의적 사람으로 거듭 태어난 것이다.

그의 삶에 화두는 두 가지였다. 교육과 효율. 특히 그가 평생을 바쳐 열정을 쏟았던 교육은 모든 성인을 위한 평생교육이었다. 교육과 효율 두 가지 미션이 어우러질 수 있는 장소로 듀이는 도서관을 보았다. 특히 대중에게 좋은 책을 많이 읽을 수 있는 기회를 줄 수 있는 대중적인 도서관의 효율적인 서비스에 큰 관심을 보이게 되었다. 도서관이 단순히 책을 보관하는 장소가 아니라 이용자의 수준에 맞춰 그들이 필요한 정보 교육을 해야 한다는 것이 그의 철학이었다. 듀이는 미국사서협회 설립을 이끌면서 미국에서 처음으로 사서를 전문직으로 만든 인물이다. 그는 또 1866년 미국 컬럼비아 대학에 세계 최초로 대학의 정규과정으로 도서관 대학을 설립했다. 교과 과정이 아주 실제적이라는 것을 널리 알리기 위해 대학 입학에 제한을 받았던 여성들의 지원을 적극 장려했다. 당시는 컬럼비아 대학에서 여성 입학을 인정하지 않던 시기로, 듀이는 학교 이사회와 큰 마찰을 빚기도 했다. 듀이가 페미니스트 성향이 짙어서가 아니라, 낮은 임금으로 여성의 장점을 충분히 발휘해 좋은 서비스를 할 수 있다는 판단이 앞선 것이다. 듀이는 독단적으로 20명의 학생 중에 17명의 여성을 합격시키는 등 학교 이사회와 갈등을 빚기도 했다. 듀이는 컬럼비아 대학을 비롯해 뉴욕 주립 도서관장 등을 거쳐 도서관에 필요한 자재와 비품을 제작 공급하는 회사 '라이브러리 뷰로'를 창업하기도 했다.

듀이는 십진분류법 외에도 미터법 보급과 영어 철자 간소화를 평생의 과업으로 삼았다. 그는 1874년 미국 도량형학회의 회원으로 도량형 통일은 시간문제라고 보고 미터법화보 등을 제작하면서 미터법 보급운동에 나섰다. 그러나 그가 사망하자 미터법 보급

운동은 정체되어 성과를 거두지 못했다. 철자법 단순화에도 관심이 많아 이를 통일하는 데 공을 들였다. 그러나 그가 제안한 단순화한 철자법 역시 모호한 점이 많아 큰 성공을 거두지 못했다.

듀이는 미국의 철학 사상인 실용주의pragmatism의 선두주자로 업적을 평가받고 있지만 독단적인 성격에다, 앵글로색슨 중심의 인종차별주의라는 비판을 받기도 했다. 특히 말년에 그가 꿈꿔왔던 이상세계를 실현하기 위해 뉴욕주 레이크플레시드에 '레이크플레시드 회사'를 설립하고 사서, 교사 등 중류층을 위한 회원제 클럽을 운영했다. 스키와 같은 스포츠가 없었던 미국에 처음 겨울스포츠를 가르쳤고, 1932년 이곳에 동계올림픽을 유치하기도 했다. 그러나 결핵환자, 음주자, 유태인 등은 입장을 금지시켜 비난을 받기도 했다. 사명 완수를 위해 외골수에 비타협적인 성격으로 협상을 깨뜨리고 분란을 일으켰던 성정 탓에 그에 대한 평가는 엇갈리고 있다.

17장

차이

차이와 차별을 구분하라

포괄적 '우리'를 위해

✕
✕
✕

모든 인간은 자유롭고 평등하다.

근대민주주의 성립의 토대가 된 이 생각은 오늘날 민주주의 국가에서 누구나 성별, 인종, 종교, 사회적 지위 등에 의해 차별받지 않아야 한다는 명제로, 법에도 명시되어 있다. 그런데 과연 이 생각이 그대로 우리 사회에 적용되어 모든 사람들이 차별 없이 잘 지내고 있을까?

국가인권위원회의 2020년 3월 한국사회의 인종차별 실태조사 발표에 따르면 이주민 10명 중 7명이 한국에 인종차별이 존재한다고 답했다. 출신국가, 인종, 피부색에 따라 우리는 이들을 대하는 태도가 다르다는 것이다. 이것이 차별이다. 퀴어문화축제를 바라보는 부정적 시선 혹은 혐오적 태도 역시 차별로 이어진다. 다른 인종, 다른 취향은 자신과 같지 않은 것이며, 다만 차이가 있을 뿐인데도 말이다.

'차이'는 서로 같지 않은 것을 의미하며 어떤 사물이 다른 사물과 다른 독자적인 성질을 갖는 것을 말한다. 동물, 사물, 식물 등의 성질이 다른 것과 구별할 수 있는 독자적인 성질을 나타낼 때 우리는 차이가 있다고 말한다. 이러한 차이가 사람과 사람 사이에서 사용될 때는 성별, 외모, 나이, 신체적 능력, 피부색, 생각, 취향 등이 다르다는 사실을 뜻한다. 여기서 '다르다'의 의미는 옳고 그름이 아니다. 차이는 각자의 고유한 특성이며 개성이라는 측면에서 서로 존중되어야 한다. 차이는 자연스러운 현상이며 '같은 것을 같게, 다른 것은 다르게' 보는 것이다.

만약 다른 것을 다른 것으로 보지 않고 틀린 것으로 보고, 이를 배척할 경우, 우리는 이를 '차별'이라고 한다. 우리가 이주민을 대하거나 동성애자들을 대하는 일부의 부정적 시선은 바로 여기에 해당한다. 차별은 구분과 달리 평등한 지위의 집단을 자의적인 기준에 의해 불평등하게 대우하여 특정집단을 사회적으로 격리시키거나 배제하는 행위로 차등을 두는 구별을 말한다. 이러한 차별은 사회생활 속에서 인종, 민족, 생활양식, 국적, 성별, 언어, 종교, 사상 등을 기반으로 시대적 상황에 따라 달라져왔다.

역사적으로 차별이 법률이나 규정에 의해 합법적으로 허용된 미국의 흑인제도도 있었지만, 1948년 세계인권선언이 나오고 증오범죄, 증오발언을 법적으로 처벌할 수 있는 법안이 만들어지면서 오늘날 민주주의국가에서는 표면상 더 이상 합리화될 수 없는 것으로 여겨지고 있다. 그럼에도 불구하고, 민주주의 국가에서도 이러한 차별적 행태는 여전히 존재하고 있다.

기본적으로 우리 모두는 다르다. 이 다름은 우리가 개별적으로 태어나면서 상황이나 선택을 통해 우리가 속한 집단의 특이성 속에서 나타나며, 다르다는 것이 좋고 나쁘고의 판단 혹은 평가의 기준이 될 수 없다. 그럼에도 불구하고 우리는 일방적으로 한 쪽을 구분하고 다른 역할을 부여하는 근거로 다른 것을 그 기준으로 삼아 낙인과 억압의 근거로 차별을 해온 역사를 경험하고 있다.

차이를 차별로 만드는 의식과 행위에는 고정관념과 편견이 작용한다. 고정관념은 누군가에 대한 무엇인가를 알아내기 위해 직접 알아보기보다는 어느 범주에 속한 사람은 모두 같은 속성을 지니고 있다고 일반화하는 생각이다. 현실적으로 이런 고정관념은 성별, 나이, 신체, 계층, 인종, 종교, 지역 등에 광범위하게 적용된다. 고정관념을 통해 소수 집단을 낙인찍고 내면적으로 차별을 정당화할 경우 소수집단이 겪는 실업, 빈곤, 질병 등 모든 문제에 대해 소수자 개인의 특성에 기인하는 것으로 인식하게 된다. 또한 편견은 고정관념에 근거하여 내린 부정적 평가로 개인과 사회의 차원에서 자신과 다르다고 생각하는 집단을 배제하고 차별하는 행위로 이어지게 된다. 더 나아가 고정관념과 편견이 작용하는 곳에서는 배제와 차별을 스스로 정당화하고, 이를 이데올로기화하여 집단 사이에 갈등이 증폭되고, 정치적으로 차별, 박해,

추방, 집단학살의 원인이 되기도 한다.

　우리가 살고 있는 사회는 보다 다원화되고 다양한 정체성이 함께 살아가는 공간이기 때문에 동질화된 사회를 넘어 다원화된 사회로 나아가고 있다. 피부색과 언어가 다른 이주민들이 차별받지 않고 한국에서 적응할 수 있으며, 처음으로 자신의 정체성을 숨기지 않고 거리를 활보하는 동성애자들을 더 이상 낯선 시선으로 바라보지 않게 되는 그때까지 배타적 '우리'보다는 포괄적 '우리'를 만들어가는 노력이 필요하다. 같은 것은 같게, 다른 것은 그냥 다르게 대하자. 그리고 다른 그 차이를 서로 인정하면 된다.

상식

서로 존중하는 톨레랑스
페르시아 왕자님도 우리 조상

✕
✕
✕

> 대한민국은 단일민족으로 이루어져 있다.

우리가 국가와 공동체의 결속력을 강조하기 위해 자랑스럽게
내세우는 말이다. 과연 그럴까. 단일민족이 아니라는 증거는 여
러 곳에서 발견된다. 그 사례를 찾아 신라시대로 거슬러 올라가
보자.

고대 이란왕조의 고문서 〈쿠쉬나메〉의 필사본이 2009년 영국
국립도서관에서 발견되었다. 그 안에는 페르시아 왕자와 신라 공
주의 러브스토리도 담겨 있었다. 고대 이란 왕조였던 사산조 페
르시아의 마지막 왕자 피루즈는 이슬람제국의 침략에 당나라로
망명했다는 기록을 마지막으로, 이듬해 역사에서 사라졌다. 연구

자들은 이슬람제국과 당나라의 교류가 본격화하면서 신변에 위협을 느낀 그가 당나라에서 신라로 망명하여 신라의 공주와 결혼해 아들을 낳았다고 주장한다. 2010년 이란의 아자드 대학 다르유시 아크바르자데 교수가 이희수 한양 대학교 문화인류학과 교수에게 연락해 본격적인 연구가 시작되었다.

쿠쉬나메의 기록이 정확히 신라라는 사실이 학계에서 고증되지 않았지만, 사실 신라가 아랍의 문화적 영향을 받은 흔적은 여러 곳에서 나타나고 있다. 이를테면 신라 고분에서 출토된 유리 제품이 로마와 페르시아의 유물과 흡사하며 황남대총 북묘의 은제 잔, 계림로에서 출토된 황금보검, 서역인 얼굴 모습의 괴릉 무인석상, 아라베스크 무늬와 흡사한 당초문 등 역시 페르시아의 영향이 엿보인다. 삼국사기에는 신라 흥덕왕이 금은 실, 공작 꼬리털, 비취모(물총새 털) 등을 쓰지 말라는 교시를 내리기도 했는데 당시 페르시아 산 사치품에 열광하는 귀족을 향한 경고였다.

2024년을 기점으로 국내 외국인 비중이 처음으로 인구의 5퍼센트를 넘어서면서 경제협력개발기구OECD의 기준으로 다인종·다문화 국가가 되었다. 다문화 가정 자녀에 대한 왕따, 외국인 근로자에 대한 차별 등이 사회적인 문제로 제기되고 있다.

차별은 차이에서 나오기 쉽다. 나와 다른 모습을 한 개체에 대한 배척은 동물의 세계에서도 쉽게 찾아볼 수 있다. 침팬지, 오랑우탄 등 영장류가 그루밍(동물의 털 손질, 털 고르기, 몸단장, 차림새 등을 의미)을 하는 이유도 '내편'이라는 결속력을 확인하기 위해서다. 우리는 누군가 처음 만나면 고향, 출신학교 등 공통점을 발견하면서 친밀감과 안정감을 느끼려고 애쓴다. 동질감은 안과 밖을 구분하는 기준이 된다. 경계선을 기준으로 안에 있는 사람끼리는 친밀감을 느끼고 밖에 있는 사람에게는 배타성을 띠게 된다. 여러 가지 색깔로 들어찬 크레파스 통에 '살색'이 1990년대까지 국가 표준 색상이라는 사실을 이상하게 여기지 않았던 것도 이 배타적 동질감이 사회에 만연해 있기 때문이다.

차이를 차별하는 현상은 대한민국이 맞닥뜨린 난제 중 하나인 혐오주의로 변질되고 있다. 종북좌파, 동성애자, 여성, 장애인 등 사회적 소수자와 약자를 향한 언어폭력과 시위 등 공격적인 성향마저 내비친다. 한걸음 물러나 보면 왕따, 다문화 가정, 탈북자 등으로 혐오주의는 우리사회에 더욱 만연해 있다.

역사적으로 타인에 대한 배려와 이해의 대명사는 톨레랑스 Tolorence(관용)로 통한다. 프랑스혁명을 거치면서 정착된 톨레랑스는 이제 국가별 인권의 수준을 비교하는 지표로도 쓰이는 개념이다. 이 톨레랑스는 나와 타인을 동등한 주체로 인정하는 데에서 출발한다. 너와 나의 차이를 인정하는 포용력 혹은 너그러움이 바로 톨레랑스의 본질이다. 타인의 존중이 나에게 돌아온다는 것을 전제조건으로 두고 이성적으로 상대를 배려하고 존중하는 것을 의미한다. 또 인간의 존엄과 평등이라는 가치를 바탕으로 자신과 타인의 권리를 동등하게 보장한다는 의미도 담고 있다.

톨레랑스와 같은 값어치의 단어를 우리말에서 찾기는 쉽지 않다. 관용이라는 우리 사전의 의미 대신 프랑스의 톨레랑스에 내포된 의미를 이해해야 하는 이유다. 관용이 선진 인권의 수준을 나타내는 지표가 된 이유는 민주주의가 돌아가는 핵심 기제이기 때문이다. 현대사회를 이끌어가는 두 가지 동력인 자본주의와 민주주의가 정상 작동하는 나라가 행복한 나라이자 부자 나라다. 행복과 부의 동반 창출이 가능한 나라는 구성원의 다양한 목소리와 신념 그리고 가치관이 서로 존중받고, 제각기 자유롭게 표현할 수 있는 권리가 보장되어야 한다. 차이로 인한 차별 그리고 혐오조장은 사회적 갈등으로 이어진다. 창의적 사고와 새로운 시대에 필요한 아이디어를 만들어내는 동력이 바로 관용을 기반으로 한 민주주의에서 나온다. 공존을 위한 관용은 우리를 더 풍요로운 사회로 나아가게 한다.

차이에 관한 미분의 원리
차이로부터 변화를 기술하다

×
×
×

차이difference라고 하면 수학에서는 단연 '미분differentiation'이 떠오른다. 차이로부터 변화를 말할 수 있고 변화를 기술하는 수학이 미분이기 때문이다. 변화는 세상 도처에 있고, 자연은 늘 변화하고 있다. 항상 무엇들이 움직이며, 시간에 따라 기온이 변하거나 달의 형태가 변하고, 컵 바닥에 남아 있던 물기가 사라지고 주식 시세가 변한다. 세상은 정지한 사진이 아니라 다이내믹한 동영상이다.

학교에서 미분과 적분을 배웠지만 수학적이고 추상적인 관점에서 다루었던 탓에 실생활과 자연 그리고 사회에서 일어나는 변화와 수학적 원리를 연결 짓기는 어려웠다. 미분이 나오기 전의 수학들은 변화를 다룬 것은 아니었다. '반원의 원주각은 직각이다'라는 최초의 수학적 정리에서부터 피타고라스의 수, 소인수분해, 구의 겉넓이와 부피 공식, 일차방정식과 일차함수의 대응 등은 정적인static 수학적 명제에 대한 것이다. 그러나 세상은 어떤 식으로든 변하고 있다. 변화는 자연에서 나타는 것뿐 아니라 인위적이거나 추상적인 영역에서도 자연스럽게 나타난다. 변화를 다루는 것은 실제적인 현실에서, 추상적인 영역에서 그리고 보편적인 의미에서 중요한 영역이다.

　그렇다면 변화를 수학적으로 표현하여, 얼마나 빨리 변하는지 구체적으로 알고 계산할 수는 없을까. 여기서는 시간에 따른 변화를 위주로 이야기하도록 하자. 두 시각에 있어서 값이 다르면 차이가 있다는 것인데, 같은 시간 간격에 대하여 차이가 크면 변화가 큰 것이다. 비슷하게 차이가 같은데 긴 시간 동안에 일어난 것보다 짧은 시간 간격에 일어났다면 그것도 변화가 큰 것이다. 즉 시간에 따른 변화는 차이를 시간 간격으로 나눈 것에 대응하는 것을 알 수 있다. 보통 차이를 표현할 때는 차이에 해당하는 영어 단어인 'difference'의 앞글자인 d에 해당하는 그리스어 대문자 Δ(델타라고 읽는다)를 사용한다. 따라서 어떤 것 가 시간 t에 따라서 변한다면, 변화하는 정도는 $\frac{\Delta x}{\Delta t}$로 나타낼 수 있다. 일반적으로 해당 시간 동안에 평균적인 변화를 보는 $\frac{\Delta x}{\Delta t}$를 '평균 변화율'이라고 부른다. 물론 여기서 어떤 것 x는 무엇이라도 될 수 있지만, 구체적인 예로써 위치 x라고 생각해보자. 시간에 따라서 위치가 변하는 것을 속도velocity 라고 부르면 속도 $v=\frac{\Delta x}{\Delta t}$이며, $\Delta x=x_2-x_1$이고 $\Delta t=t_2-t_1$로써 각각 위치의 차이와 시간의 차이를 표현한 것이다. 물론 x_1은 시간 $t=t_1$일 때의 위치이고, x_2는 $t=t_2$일 때의 위치를 나타낸 것이다. 이렇게 해당 시간 동안(Δt)의 위치 변화(Δx)를 알면, 해당 시간 동안의 평균 속도 $v=\frac{\Delta x}{\Delta t}$를 알 수 있다. 여기서 평균 속도라고 말하는 것은, 해당 시간 동안에 위치가 변하는 정도가 일정하지 않고 시간에 따라서 어떤 시각에서는 위치가 더 많이 변하거나 더 적게 변할 수 있기 때문이다.

이와 같이 변하는 정도가 일정하지 않고 시간에 따라서 달라지는 것을 나타내기 위해서는, 시간 간격인 Δt를 아주 작게 보면 그 시각에서의 변화를 알 수 있다. 이렇게 아주 작은 차이를 나타낼 때는 Δ 대신에 d로 표현하는 것이 관례적인 표현이다. 즉, 순간순간의 변화를 나타내는 것은 일반적으로 $\frac{dX}{dt}$라고 표현하며 "X를 t로 미분한다"고 이야기한다. 즉 미분은 어떤 순간에서의 변화율을 수학적으로 구체화하여 표현한 것으로써, 임의의 시간의 순간 변화율을 의미하는 미분을 통하여 변화를 계산할 수 있게 된다. 일반적으로 X는 시간 t에 대한 함수로서 시간에 따라서 변하거나 변하지 않는 것이고, 변하지 않을 경우에는 Δx 혹은 dX가 0이 되므로 순간 변화율이나 평균 변화율 $\frac{dX}{dt}$ 혹은 $\frac{\Delta X}{\Delta t}$은 0이 된다. X가 시간에 따라서 변하는 어떤 함수로 구체적으로 주어질 경우에도 아주 작은 dt($\Delta t \to 0$인 경우) 혹은 일정한 크기의 Δt로 순간 변화율(미분)이나 평균 변화율을 계산할 수 있다.

6부

기술

급변하는 세상의 길목

18장

전자기기

노키아의 실패가 가르쳐준 것
귀납추론의 함정을 보다

X
X
X

"부자는 망해도 3대는 간다"라는 말이 있다. 이처럼 부자가 가난해지는 데에도 시간이 걸리는 것이 보통이다. 그러나 시대는 변하고 있다. 2000년대 결코 쉽게 저물 것 같지 않던 세계 최고의 휴대폰 회사가 있었다. 핀란드의 '노키아'다.

노키아는 1865년에 핀란드의 노키아라는 작은 도시에서 제재소로 출발했지만 이후 인수합병을 통해 케이블, 타이어 등 다양한 사업으로 진출했고 1990년대 초 GSM 방식의 휴대전화 산업에 진입했다. 2년 후 요르마 올릴라가 CEO로 취임하며 휴대전화 사업을 핵심사업으로 정했고, 1998년 미국 모토로라를 제치고 세계 1위 휴대전화 제조업체가 된다. 2007년 말에는 전 휴대전화 시장의 40퍼센트 이상을 점유하는 거대 기업으로 성장했다. 하지만 이때 애플에서 혁신적인 스마트폰인 아이폰을 만들어내놓았는데 노키아는 이에 대응하지 못하고 저가폰 중심으로 전략을 구사하다가 하루아침에 쇠락의 길로 들어서고 말았다.

이런 노키아 스토리는 전형적인 성공 경험에 매몰되어 실패하는 사례를 보여준다. "지금까지 이런 방식으로 잘해왔잖아?" 그 다음에 말하지 않은 생각이 있다. "그러니까 앞으로도 이런 방식으로 잘해나갈 거야." 이런 방식의 생각을 귀납추론이라 부른다.

귀납추론은 연역추론과 함께 논리학의 두 축을 이루는 중요한 사고 방법이다. 간단히 귀납추론을 설명하자면 '구체적인 사실들을 전제해서 보편적 사실을 이끌어내는 방식'이다. 이와 대조해서 연역추론은 전제 안에 이미 들어 있는 내용을 이끌어내는 추론이라 할 수 있다. "아는 것이 힘이다"라는 말로 잘 알려진 철학자 프랜시스 베이컨이 과학적 탐구의 방법으로 귀납추론을 강조했다.

본질적으로 동어반복의 특성을 가진 연역추론에 반해 귀납추론은 지식의 양을 증가시키는 장점이 있지만 단점도 있다. 그것은 철학적인 문제이면서도 근원적인 문제이기도 하다. 귀납추론이 논리적으로 보이긴 하지만 언제든 틀릴 수 있다는 점, 그래서 논리적인 확실성이 없다는 점이다. 영국의 철학자 버트런드 러셀이 이것을 보여주기 위해 제시한 사례가 '러셀의 칠면조'다.

어떤 칠면조 농장에서 규칙적으로 아침 6시와 저녁 6시에 모이를 주었다. 이것을 꾸준히 관찰한 칠면조를 생각해보자. 그 칠면조는 항상 6시에 모이를 먹는다는 법칙을 세우고, 이 법칙의 정당성을 수년 동안 아침저녁으로 매일 확인한다. 하지만 어느 해 추수감사절이 되자 그 칠면조는 아침에는 모이를 먹었으나 저녁에는 먹지 못하고 주인의 만찬식탁에 올라간다.

칠면조가 귀납추론에서 아무런 실수를 범하지 않았지만 영원히 아침저녁으로 모이를 6시에 모이를 먹게 되리라는 그 추론은 틀렸다는 것이다. 우리가 하는 다른 귀납추론에서도 이런 일이 일어나지 말란 법이 어디 있겠는가. 앞에서 살펴본 노키아의 사례는 우리가 러셀의 칠면조처럼 생각한다는 것을 보여준다.

코닥도 비슷한 일을 겪었다. 1882년 조지 이스트먼이 현대식 필름의 초기 형태를 만들어내고 1883년에 최초로 감광필름을 양산화하는 데 성공했다. 필름 회사인 코닥의 신화는 1950년대에 미국 25대 기업에 이름을 올리는 기염을 토한다. 하지만 디지털 카메라의 등장에 대응하지 못하고 사라졌다.

세계 최초로 디지털카메라를 만든 회사가 코닥이라는 점은 두고두고 아이러니다. 그들은 자기들의 시장을 유지하기 위해서 디지털카메라의 등장을 늦출 방도만 찾다가 2012년에 파산에 이르게 되었다. 코닥 필름 속에 귀납추론이 있었던 것이다.

반도체 문명을 산다는 것
전자기기 혁명의 시대

✕
✕
✕

전자기기는 현대문명을 특징 짓는 대표적 도구다. TV, 휴대폰, 디지털 카메라, 컴퓨터 등 너무나 흔해진 전자기기는 이전의 시대와 현대를 구분 짓는 기준이기도 하다. 전자기기는 어떻게 작동할까.

전자기기는 트랜지스터나 다이오드와 같은 반도체로 만들어졌다. 반도체 기판 위에 다양한 회로를 밀집한 집적회로의 발전으로 전자기기의 성능은 거듭 향상되었고, 새로운 전자기기도 등장하게 되었다. 현대문명을 반도체 문명이라고 부르는 이유도 여기에 있다.

반도체는 단어에서도 그 뜻을 찾아볼 수 있다. 전기가 잘 통하는 도체와 전기가 잘 통하지 않는 절연체의 중간 정도로 전기가 통하는 특성을 지닌 물체를 말한다. 전기가 밖으로 누출되지 않은 절연체로 감싸진 도체가 전류를 전달하면서 전기 문명을 가능하게 했다면, 반도체 문명은 1920년대 중반 미시세계를 설명할 수 있는 양자역학의 출현이 가져온 과학적 쾌거다.

주로 주기율표의 1~2족에 속한 원소로 구성된 도체는 작은 전압만 걸어도 전자가 움직일 수 있기 때문에 전류가 잘 흐르는 물질이 되고, 주기율표에서 16~17족 원소로 구성된 절연체는 높은 전압이 걸리지 않는 한 전류가 거의 흐르지 않기 때문에 일상적으로 전류의 흐름을 차단하는 물질이 된다.

반도체는 어느 정도 이하의 전압에서는 절연체와 비슷하게 전류가 잘 흐르지 않으며 절연체와 비슷하지만 전압을 높이면 도체처럼 전류가 흐르게 할 수 있다. 실리콘(Si 규소)과 같이 주로 14족 원소를 바탕으로 13족 혹은 15족의 화합물을 불순물로 첨가하여 구성되는 반도체가 불순물이 첨가되지 않은 진성 반도체보다 많이 사용된다.

불순물을 약간 첨가하면 반도체는 P형 반도체와 N형 반도체가 된다. 즉, PN-접합 다이오드와 PNP 혹은 NPN 트랜지스터와 같은 반도체 문명의 기초 소자를 형성하게 된다. 양자역학은 왜 반도체가 이러한 특성을 나타내는지 그리고 반도체 소자의 성능을 발전시키려면 어떻게 해야 하는지를 이해할 수 있는 연구 분야다. 이를 근거로 기술을 발전시킬 수 있으므로 양자역학은 현대문명의 근간을 이룬다. 고체는 규칙적으로 원자가 배열되어 있기 때문에 전자는 이러한 주기적 원자 배열로 말미암아 연속적인 에너지띠를 갖는다.

대표적인 반도체 소자인 다이오드는 두 개의 전극을 갖고 있으며 한 쪽 방향으로만 전류를 흐르게 하면서 교류를 직류로 바꾸는 정류 작용하며 전류를 제어하는 스위치 역할을 할 수 있다. 발광다이오드 LED는 다이오드 역할을 하면서 전류가 흐르는 순방향 전압이 걸렸을 때 빛을 발산하는 특징이 있어 전등이나 전자기기의 화면으로 사용된다.

현대의 전자기기를 구성하는 아주 흔한 기본 부품 중 하나인 트랜지스터는 전자 신호 및 전력을 증폭하거나 스위칭하는 데 사용되는 반도체소자로 세 개 이상의 전극이 있다. 1947년 미국 물리학자 존 바딘, 월터 브래튼, 윌리엄 쇼클리가 개발한 후 트랜지스터는 전자공학의 대변혁을 일으키는 부품이 되었다. 트랜지스터의 출현으로 전자기기는 더 작고 저렴해졌으며, 계산기 컴퓨터 등의 발전 속도는 더욱 빨라졌다.

집적 회로는 반도체로 만든 전자회로의 집합을 말한다. 집적 회로는 독립된 여러 요소를 집적하여 하나의 칩으로 만든 것인데, 잭 킬비는 1958년 텍사스 인스트루먼트에 근무하면서 집적 회로를 발명했다. 그는 이 공헌을 인정받아 1982년 미국 발명가 명예의 전당에 올랐으며, 2000년에는 노벨물리학상 수상자로 영예를 누렸다.

반도체하면 빠지지 않는 또 한 사람이 있다. 바로 인텔의 공동 창업자인 고든 무어다. 그는 집적회로에 들어가는 부품 수를 기준으로 성능이 24개월(혹은 18개월)마다 2배로 증가한다는 '무어

의 법칙'을 1965년 발표하면서 유명세를 치렀다. 하지만 이는 그
의 경험에 따른 것으로 과학적 근거는 미흡하다.

전화기의 기술적 이해
공간의 한계를 넘다

✕
✕
✕

21세기 최고의 발명품은 스마트폰이다. 스마트폰의 기본적인 기능은 음성으로 통화할 수 있는 전화 기능이다. 전화기는 음성을 전기신호로 바꾸어 먼 곳에 전송하고 이 신호를 다시 음성으로 재생하여 들려줌으로써, 거리의 한계를 넘어서 실시간으로 대화할 수 있게 한다.

대부분이 목소리를 전할 수 있고 누구에게라도 귀를 열어둘 수 있다는 것은, 단지 과학기술과 문명의 발달을 넘어 개인의 일상과 감정, 생활방식을 질적으로 변화시킨 것이다. 우리 삶의 중심이 된 전화가 어떻게 작동하는지 살펴보자.

유선 전화기의 원리 이해에 앞서 소리의 전파 원리부터 소개하고자 한다. 소리는 공기나 물과 같이 소리를 전달하는 매개물질(매질)의 진동이 멀리 퍼져나간다. 인간이 들을 수 있는 소리인 가청 주파수(1초 동안의 진동수로서 단위는 헤르츠다) 범위는 매질이 1초에 20~20만 회 진동하는 경우이고, 진동수가 높을수록 인간은 날카롭게 느낀다.

소리는 물리적으로 동물이 감각할 수 있을 정도의 세기로 매질이 진동하는 것이다. 한 곳에서 일어난 매질의 진동을 어느 곳에서라도 그대로 복원할 수 있다면, 듣는 이는 거리와 무관하게 같은 소리를 들을 수 있게 되는 것이다. 기기를 사용하지 않는 경우에 매질의 진동은 멀리 퍼져갈수록 약해지기 때문에, 일정한 거리 이상을 넘어서는 감각할 수 없다. 전화는 한 곳에서 일어난 매질의 진동을 다른 곳에서 비슷하게 재현하도록 하는 기기다.

유선 전화기는 말하는 소리를 마이크에서 전기신호로 바꾸고 전선을 따라서 전기신호를 유지해 스피커로 전달한다. 듣는 소리를 만드는 스피커에서는 전기신호를 소리로 복원하게 되는데, 쌍방 간에 소통을 위해서는 양쪽에 마이크와 스피커가 모두 있어야 한다. 전화기 원리에서 핵심은 매질의 진동과 전기신호를 제대로 상호 전환하는 것과 어떻게 전기신호를 먼 곳까지 왜곡을 줄이며 전달할 것인가의 문제라 할 수 있다.

마이크에서는 소리라는 매질의 진동이 전선을 감고 자석을 감싼 진동판을 진동시킨다. 이때 전자기 유도현상에 의하여 진동판의 전선에 전기신호가 발생한다. 스피커에서는 전달된 전기신호가 자기장을 발생시키며 스피커의 자석과 자기력으로 진동판을 움직이게 함으로써 매질의 진동을 만들어 소리를 발생시킨다.

마이크와 스피커는 서로 반대 역할을 하지만 모두 자석을 갖고 있다. 전류와 자기의 상호작용인 전자기 유도현상을 이용하는데, 마이크는 매질의 물리적 운동이 전기를 발생시킨다는 점에서 발전기와 비슷하고 스피커는 전기신호가 매질의 운동을 일으킨다는 점에서 전동기와 비슷하다고 볼 수 있다. 최초로 전화기를 개발한 사람은 이탈리아인 안토니오 메우치다. 그는 알렉산더 그레이엄 벨보다 21년 앞서 1849년 전화기를 개발했다. '텔레트로포노'라고 이름도 지었지만, 특허 등록비를 마련하지 못해 가등록만 해두었다. 1876년 벨은 불안정한 전화기를 안정화하는 데 공헌했다. 1878년에는 보스턴시에 최초의 전화 교환국이 설립되었다.

한편 같은 날에 두 시간 더 빨리 특허 출원에 성공한 그레이엄 벨은 최초의 전화기 발명가로 알려졌지만 미 의회는 2002년 자금 부족으로 발명 사실을 세상에 알릴 수 없었던 안토니오 메우치를 최초의 전화기 발명가로 공인했다. 처음 발명된 전화기는 전기신호를 발생, 유지, 전달하기 위해 자체적인 전력을 생산할 수 있는 자석식 전화기였다.

군대에서 손잡이를 돌려서 다이얼도 누르지 않고 전화를 거는 모습이 영화에 재현되곤 하는데, 이것은 송신과 수신이 직접 연결된 직통전화다. 이후 교환국을 통하여 수동으로 서로를 연결해주다가 교환기가 발달하면서 사람이 아닌 기계가 자동으로 상대방을 연결할 수 있게 되면서 언제든 대화할 수 있는 시대가 되었다. 편지를 적으며 생각하고 우편으로 보내서 답변을 기다리는 동안의 낭만은 이제 너무 멀어졌다.

19장

인공지능

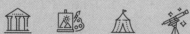

자율주행차의 딜레마

책임 주체와 윤리적 문제

✕
✕
✕

자동차 업체가 바라보는 미래는 자율주행 자동차의 시대다. 지금도 전 세계 곳곳에서 자율주행차의 시험 운행이 진행되고 있다.

자율주행차의 실험은 대부분 전기차를 대상으로 이루어지고 있는데 적용이 용이하며, 기술적 난이도 해결에도 도움이 되기 때문이다. 인공지능이 제어하는 자율주행차는 더 빠른 속도로 서로 가깝게 주행할 수 있어 도로의 효율적 운영이 가능해진다. 또한 자동차 사고가 발생할 수 있는 상황에서 가장 효율적으로 빠르게 반응해 더 많은 안전을 담보할 수 있을 것으로 기대된다.

그러나 자율주행차와 관련하여 책임 주체와 윤리적 측면의 문제가 있다. 테슬라와 같은 반자율주행차에서 이미 이 문제가 제기되어왔다. 우선, 사고의 책임을 물을 수 있는가의 문제다. 현재

반자율주행차에서는 충돌 혹은 추돌이 발생했을 때 이에 대한 책임을 운전자가 지는 것으로 규정하고 있다. 그러나 자율주행차의 경우는 어떻게 할 것인가? 자율주행자동차의 보험은 현재 규정으로는 가입할 수 없다. 그렇다면 자율주행자를 만든 제조사, 자동차 소유주, 소프트웨어 개발자, 서브시스템 제조업체 모두에게 책임을 물을 것인가.

두 번째로 윤리적 문제와 관련하여 가장 많이 지적되고 있는 것은 '트롤리의 딜레마'다. 자율주행차가 불가피한 사고에 직면했을 때, 자동차의 소프트웨어가 어느 방향으로 자동차를 유도할지를 결정해야 하는 상황이다.

트롤리의 딜레마는 5명의 사람이 있는 선로를 향해 달려가는 브레이크가 고장난 상황을 전제로 한다. 이때 트롤리와 선로 전환기 앞에 서 있는 한 사람이 선로 전환기를 작동할 경우 한 명만 죽게 되는 상황이다. 이 실험은 수년 전 마이클 샌델의 저서 《정의란 무엇인가》에 소개되어 사람들에게 알려졌다. 트롤리 딜레마는 영국의 철학자 필리파 푸트가 제안한 이래 다양하게 분석되고 실험되고 있다.

이제 자율주행차에서는 이를 만든 소프트웨어가 선로 전환기 앞에 서 있는 사람의 역할을 하게 된다. 이제는 사고실험을 넘어 현실적인 문제가 된다. 만약 사고가 확실시되는 상황에서 도로 한쪽에는 엄마와 아이가 있고, 자동차 앞에는 한 무리의 어린 학생들이 길을 건너고 있는 상황에서 자율주행차는 어떤 결정을 내릴까. 극단적으로 자동차가 도로 밖으로 나갈 경우 절벽으로 자동차에 탑승하고 있는 사람이 죽을 수도 있다. 이런 문제는 보행자를 살릴 것인지 탑승자를 살릴 것인지에서부터 보행자를 살린다고 한다면 어떤 보행자를 살릴 것인지의 문제로 꼬리에 꼬리를 물고 이어진다.

실제 MIT의 모랄머신Moral Machine은 자율주행차와 같은 인공지능의 윤리적 결정에 대한 사회적인 인식을 수집하기 위한 플랫폼으로 해당 사이트에서 트롤리 딜레마의 다양한 상황을 선택하고 직접 디자인도 해보는 사고실험을 할 수 있다. 지금까지 모랄머신은 233개국 4,000만여 개의 데이터 수집했으며, 이를 분석한 결과 참여한 사람들에게 3가지 공통점을 발견했다. 동물보다는 사람을, 소수보다는 다수를, 그리고 노인보다는 젊은 사람을 구해야 한다는 것이다.

모랄머신의 결과가 의미 있는 것은 자율주행차의 윤리문제에 대해 사회적 합의를 이끌어내고자 하는 데 있다. 실제 상황에서는 더욱 복잡한 윤리문제에 직면하게 될 것이다. 다수의 악인과 소수의 평범한 사람들이라면 이때도 다수를 선택할 것인가, 그리고 노인과 젊은 사람을 구분하는 나이 기준은 어떻게 할 것인가 등등 난제들이 이어질 것이다.

자율주행차가 대중화되는 시대가 온다면 도로에서 사고가 날 확률은 감소할 것이다. 사람보다 인공지능이 운전을 보다 안전하게 할 가능성이 높다. 인공지능이 직면하게 될 도덕적 딜레마는 공동체적 관점에서 생명윤리에 대한 담론으로 제기된다. 도덕적 딜레마는 해결되는 것은 아니지만 개인과 공동체에 옳고 좋은 방

향으로 상용화하려는 노력을 통해 부분적으로 해소될 수는 있기
를 바란다.

과학

진화 메커니즘의 인공지능
인공지능의 짧은 역사

⋉
⋉
⋉

모든 생물학은 진화론의 시각에서만 이치에 맞다.

20세기 초의 유전학자 도브잔스키의 말이다. 이 말에서 진화론이 생물학에서 갖는 위치를 알 수 있다. 그렇다면 생물학의 바깥에서 진화론이 적용되어 발전하는 부분이 있을까? 있다. 요즘 가장 핫한 인공지능 분야가 바로 그것이다.

인공지능의 역사는 1940년대 컴퓨터가 처음 개발되었을 때까지 거슬러 올라간다. 사람들은 컴퓨터와 같은 기계가 인간의 사고능력을 따라잡을 것이라 예측하고 개발을 시작했다. 1956년에 미국의 다트머스 대학에서 10명의 과학자들이 록펠러 재단에 인공지능 연구에 대한 제안서를 제출했던 것이다. 이들은 다트머스 대학에서 6주일간의 워크숍을 가지면서 신경망, 자동기계 이론, 그리고 지능 연구를 준비했고, 흥분할만한 결과도 조금 얻었다. 예를 들어 사람들은 기계가 단순한 숫자 계산은 할 수 있을지라도 논리적인 증명은 결코 할 수 없다고 생각했었지만, 컴퓨터 프로그램이 논리적인 증명을 할 수 있다는 것을 보여준 것이다. 그 밖에도 대학교 1학년 수준의 미적분학 문제나 IQ 테스트에 출제되는 시각적 유추 문제도 풀었다.

하지만 '조합적 대확산'이라는 문제에 부딪히고 말았다. 이것은 상황이 단순하여 경우의 수가 작다면 인공지능이 해결할 수 있지만, 상황이 복잡하여 경우의 수가 많아지면 해결이 사실상 불가능해진다는 의미다. 예를 들어 2개의 정리로 증명을 한다면 4개 경우만 계산하면 되는데, 만약 10개의 정리로 증명을 한다면 $2^{10}=1024$개의 경우가 된다. 상황이 5배 복잡해지면 필요한 용량은 100배 이상 증가하는 것이다. 현실적인 상황에서는 경우의 수가 여러 수십 개 이상이 될 수 있으므로 우주의 나이보다 더 많은 시간이 필요하게 된다. 이에 학자들은 크게 실망하게 되었다.

그러다 1970년대에 경험적 탐색, 계획, 그리고 유동적인 추상적 표현을 활용하는 프로그램이 만들어졌고 1980년대에는 초병렬 연산 구조가 개발되어 인공지능 개발에 새로운 부흥기가 왔다. 인공지능을 활용한 '전문가 시스템들'이 만들어졌는데 이것은 의학이나 법률 등의 특정한 분야에 대한 지식 데이터베이스를 바탕으로 기계가 간단한 추론을 해서 인간의 판단을 돕는 시스템이었다. 그런데 이것도 결국 실패하고 말았다. 작은 시스템은 큰 도움이 되지 못했고 큰 시스템은 유지하는 데 많은 비용이 들어서 실용적이지 못했기 때문이다. 다시 또 인공지능 개발에는 침체기가 찾아온 것이다.

1990년대에 들어서면서 신경망이나 유전자 알고리즘 등의 전혀 새로운 알고리즘이 도입되면서 다시 또 인공지능 개발에 활력이 생겨났다. 이 중에서 유전자 알고리즘과 유전자 프로그래밍과 같은 것들은 '진화 기반 방식'이라 불린다. 신경망과 유전자 알고리즘의 기본적인 아이디어는 비슷하지만, 구체적으로 말해 진화 모델은 여러 개의 가능성 있는 해답들을 가지도록 하고, 변수들의 무작위적인 변형이나 재조합을 통해 새로운 가능성 있는 해답들을 만들어내는 모델이다. 그리고는 선택조건에 따라 주기적으로 솎아내서 더 나은 가능성 있는 해답들을 남기게 된다.

결과적으로 단순히 작업을 처리하고 끝내는 것이 아니라, 프로그램 자신이 작업한 결과가 좋은지 나쁜지에 따라 작업방식까지 스스로 바꾸도록 되어 있는 것이다. 하나의 작업방식을 선택해서 진화시키는 것이다. 이 덕분에 많은 영역에서 인공지능이 인간의 지능을 능가하게 되었다.

이것이 2016년 3월 바둑 알파고가 이세돌 9단을 이기게 되기까지, 그리고 2023년부터 불어닥친 생성 AI 열풍까지의 인공지능의 발전 과정이다. 우주에 존재하는 수소 원자의 개수보다도 많다는 바둑 착점의 가능성 속에서 하나하나의 묘수를 찾아내는 인공지능의 원리는 딥러닝인데 이것은 인간의 지능을 모사하는 생성 AI에서도 지속되고 있다.

미래 사회의 지배력을 확보하려는 글로벌 기업 및 국가들 간의 경쟁도 치열하게 펼쳐지고 있는 이 기술의 근간은, 진화 메커니즘에서 생겨난 인간의 두뇌를, 컴퓨터로 구현된 진화 메커니즘으로 모사하는 것이다. 2중의 진화 메커니즘인 셈이다. 인간의 삶이 진화에 의해 생겨났으니 어쩌면 당연할지도 모르겠다.

정신을 관찰하는 휴먼커넥톰

뇌의 모든 연결망을 그리다

✕
✕
✕

종교의 영역에 머물러 있었던 생명현상이 과학의 영역에 들어오기 시작한 시기는 20세기 들어서다. 심리학과 신경과학 그리고 MRI와 같은 영상촬영 기술 그리고 분자 수준의 생물학이 본격적으로 발전하기 시작한 덕분이다.

뇌과학은 정신작용을 한다는 뇌가 어떻게 작동하여 정신활동을 만들어내는지 연구하는 학문이다. 인간의 뇌는 몸무게의 2퍼센트에 불과하지만 몸 전체 에너지의 20~30퍼센트를 소비하는 신체기관이다. 인간은 약 2만 5,000개의 유전자와 약 860억 개의 뉴런(뇌 신경세포)으로 이루어져 있다. 감자의 유전자 수는 인간보다 두 배 가까이 많다. 또 코끼리는 인간보다 세 배 정도 더 많은 뉴런으로 구성된 뇌를 갖고 있다. 그러니 인간은 다른 종의 생명체보다 특별하다고 보기 어렵다.

그렇다면 코끼리와 인간의 뇌가 다른 원인은 어디에 있을까. 시냅스에 있다. 시냅스는 뉴런이 서로 연결되는 부위를 가리킨다. 인간의 뇌에는 약 150조 개의 시냅스가 있고 사람마다 다르다. 인간의 뇌에 있는 수천 개의 뉴런이 서로 연결되면서 뇌를 구성하고 있는 뉴런의 네트워크는 대단히 복잡하다. 뉴런이 어떻게 시냅스를 구성하느냐에 따라서 뇌의 네트워크 지도가 달라진다.

뉴런과 시냅스로 구성된 뇌 전체의 신경망을 커넥톰connectome 이라 한다. 유전체genome는 한 개체 유전자gene 전체를 부르는 용어다. 신경세포 연결connect 전체를 연결체, 즉 커넥톰이라 한다. 연결한다는 뜻의 connect와 전체를 의미하는 접미사 'ome'이 결합된 신조어다.

정신은 보이지 않지만 커넥톰은 관찰할 수 있고 객관적으로 분석할 수 있는 과학의 영역이다. 커넥톰의 발견으로 인간의 정신을 합리적으로 이해하는 통로가 생긴 것이다. 커넥톰을 연구하는 학문을 연결체학Connectomics이라고 하는데, 2005년에 커넥톰 이라는 용어와 함께 제안되었다. 한편 한국에서 흔히 이야기하는 뇌과학은 한국에서의 마케팅적 요소가 다분하다. 국제적으로는 신경과학Neuroscience이 통용되는 용어다. 커넥톰을 분석하는 데 인공지능이 도입되고 있다. 단백질의 복잡한 3차원 구조를 분석하기 위한 선택이다.

2003년 공식적으로 완료되었다고 선언한 인간 게놈 프로젝트, 유전자 gene와 염색체 chromosome를 합친 인간 게놈 내에 있는 약 32억 개의 뉴클레오타이드 염기쌍의 서열을 밝히는 연구)로 인간의 실체에 한 걸음 다가선 듯했다. 그러나 커넥톰은 게놈보다 수십만 배나 많을 뿐만 아니라 게놈이 1차원적 서열임에 반하여 커넥톰은 3차원 공간에 분포되어 있어 분석하기가 쉽지 않다.

프로젝트팀은 2006년 예쁜꼬마선충(유전자 수는 인간과 비슷한 약 1만 9,000개를 갖고 있지만 신경세포는 약 300여 개)의 커넥톰 해독에 성공했을 뿐이다. 사람 뇌의 모든 연결망을 그려내는 것을 목표로 한 휴먼 커넥톰 프로젝트는 갈 길이 멀다.

과학

인간의 뇌는 왜 존재할까?

유지비가 많이 드는 신체기관

✕
✕
✕

뇌는 동물의 신체 중 신경세포가 가장 발달한 기관이며, 지렁이와 같은 환형동물에서도 나타난다. 진화의 계통수를 따라가다 보면 플라나리아와 같은 편형동물과 해파리나 히드라 같은 자포동물(강장동물)에서는 뇌의 전단계인 신경절(신경세포들이 모인 영역)을 갖고 있다.

그런가 하면 일생 중 어느 시기에는 뇌를 갖고 있다가 어느 시기에는 뇌를 갖지 않는 동물도 있다. 멍게(우렁쉥이)는 움직이면서 먹을 것과 정착할 곳을 찾아다니는 올챙이 모양의 유충 시기에는 뇌를 갖고 있지만, 바위에 고착한 이후 성체가 되면 뇌를 소화하여 없앤다. 성체는 흘러 들어오는 먹이만 잡아먹기 때문에, 에너지 소모가 많은 뇌가 필요하지 않은 것이다. 이렇듯이 뇌는 이동과 연관성이 있다. 이동하면서 먹을 것에 대해 판단하거나, 위협으로부터 회피할 것인지 한 군데 정착할 것인지 등을 판단할 때 뇌가 필요하다. 정착한 후에도 뇌가 있으면 먹이를 포착하는데 더 똑똑한 판단을 할 수 있기 때문에 유리할 것 같지만, 뇌는 유지하고 있기에는 워낙 많은 에너지가 드는 비싼 기관이기 때문에 고착한 성체에게는 비효율적인 기관이 되어 스스로 없애는 것이다.

사람의 경우를 예로 들어 보면, 성인의 뇌는 몸무게의 2퍼센트(약 1.5킬로그램)에 불과하지만, 신체 에너지의 20퍼센트를 소모할 정도로 유지비용이 많이 드는 기관이다. 이렇게 운영비가 많이 드는 뇌가 발달한 이유는 그 이상의 가치가 있기 때문일 것이다. 다른 동물보다 뇌의 비중이 높은 인간은 다른 동물에 비할 수 없을 정도의 문명을 발달시키며 뇌의 가치를 증명하고 있다.

인간이 다른 동물보다 뛰어나게 정신적인 활동을 할 수 있게 된 것은, 유전자의 개수가 많다거나 단지 뇌의 신경세포가 많아서는 아니다. 학명도 귀여운 '예쁜꼬마선충'은 302개의 신경세포를 갖지만 형질을 발현할 수 있는 코딩 유전자의 수는 인간과 비슷하게 2만 개가 조금 넘는다. 또한 코끼리도 유전자의 개수는 사람과 별 차이가 없지만 뇌는 4킬로그램 정도로 인간보다 훨씬 무겁고 신경세포 수도 많다.

다른 신체 기관에서 인간이 다른 동물들과 비교하여 차별성을 찾기는 쉽지 않은데, 인간의 어떤 점이 차별화된 세상을 만들어 갈 능력을 갖게 했을까? 뇌 중에서도 신체의 여러 부분을 제어하고 감각하며 운동하게 하는 영역에서는 큰 차이가 없다. 대신, 판단과 사고가 주로 일어나는 대뇌피질 영역은 다른 동물들에 비해 많이 발달된 편이다. 그렇다고 하더라도 인간의 대뇌피질에 있는 신경세포 수는 약 200억 개 정도로 코끼리에 비하여 두 배 정도로 큰 차이를 보이지 않는다. 인간의 뇌는 다른 동물과 무엇이 다를까?

인간의 뇌에 있는 신경세포 수는 약 860억 개 정도로 추산되는데, 신경세포의 본질적 가치는 신호를 전달하는 것이므로 서로 연결되어 있다. 신경세포가 어떻게 연결되어 있느냐에 따라서 뇌의 지도가 달라지고 뇌의 복잡성은 기하급수적으로 변하게 된다. 신경세포가 연결되는 부위를 시냅스라고 하는데, 인간의 경우에 뇌의 신경세포 하나는 수천 개의 신경세포와 시냅스를 통하여 연결성을 갖는다. 860억 개의 신경세포가 수천 개씩 연결되어 있다는 것은 상상할 수 없을 정도로 복잡하다. 인간은 약 150조 개 정도의 시냅스가 있는 것으로 여겨지며, 인간과 비슷한 코딩 유전자 수를 지닌 예쁜꼬마선충이 302개의 신경세포와 7,500개 정도의 시냅스를 갖는 것과 비교할 때 아주 큰 차이를 갖는다.

인간의 차별성은 다름 아닌 뇌의 지도, 즉 뇌 신경세포들과 시냅스의 네트워크를 통하여 나오는 것 같다. 정신적 활동 및 정신에 대한 이해와 연결하려는 뇌의 신경 지도를 연구하는 것은, 그 복잡성에 있어서 게놈 프로젝트를 훨씬 넘어선다. 현재까지 커넥톰이 다 분석된 생물은 예쁜꼬마선충이 유일하며 인간의 커넥톰은 그보다 훨씬 복잡하다.

뇌와 마음을 연결하여 연구하는 사람들의 최종 꿈은 아마도 커넥톰의 정복이 아닐까 싶다. 그 과정에서 인간은 보이지 않는 마음을 보이는 무엇으로 대응시키면서 자아와 인간의 정체성, 그리고 가치에 대하여 새로운 통찰을 얻게 될 것이다.

20장

→→→ ———————————— ←←←

디지털

철학

사이버 공간과 가상현실
또 다른 현실 세상

✕
✕
✕

영화 〈매트릭스〉는 인간의 기억을 지배하는 가상현실을 보여주면서 새로운 질서로 '매트릭스'를 제시한다. 실제 매트릭스는 질서를 의미하는 '행렬'이라는 의미를 가지고 있으며, '여성의 자궁'을 의미하는 단어다. 질서와 자궁이 갖는 의미는 무엇인가?

영화는 인공두뇌를 가진 컴퓨터가 지배하는 세계를 배경으로 한다. 인간을 마치 가축처럼 인큐베이터라는 인공 자궁에서 재배해, 향후 에너지원으로 활용하는 미래의 질서를 보여준다. 영화가 보여주는 새로운 질서로서 매트릭스는 가상현실 온라인 공간인 사이버 공간cyberspace을 의미한다.

사이버 공간은 현실 세계가 아닌 컴퓨터, 인터넷 등으로 만들어진 가상의 공간을 의미한다. 1984년 윌리엄 깁슨의 과학소설

《뉴로맨서》에서 처음 등장한 개념으로, 네트워크로 접속한 온라인상에서 시공간적 제약을 뛰어넘어 언제 어디서나 의사소통이 가능해졌다는 점에서 공간적으로 존재하면서도 실제 눈에 보이지 않아 존재하지 않는 공간이다. 그러나 또 한편으로, 오늘날 사람들이 온라인상에서 대부분의 시간을 보내고 있다는 점에서 이 공간은 실존하는 공간이기도 하다.

그런 점에서 사이버 공간은 반야심경에 나오는 '색즉시공 공즉시색'에서 말하는 세상, 즉, 우리가 살아가는 세상의 실체를 알려 주는 이 문구가 적용될 수 있는 공간으로도 이해된다. 존재 자체가 없다는 무無와 달리 공空의 의미는 어떤 존재가 실존하는 것 같아 보이지만 실제로는 그 실체가 존재하지 않는다는 뜻인데, 색色을 존재로 보면 결국 불교철학이 최첨단의 현실세계와 가상세계가 복잡하게 얽힌 채 살아가는 현재의 세상을 정확하게 설명하고 있는 셈이다.

사이버 공간은 오프라인의 현실세계와는 다르지만 우리가 현재 살아가는 실제 공간이면서도 이 공간에서 살아가는 사람들이 현실 공간과 다른 느낌을 갖고 살아가는 공간이라는 점에서 분명 다른 질서가 있는 것도 사실이다. 사이버 공간에서는 지역적, 지리적 공간의 제약 없이 정보가 신속하게 상호 전달되며, 현실의 신분을 감추거나 드러내지 않으면서 나이, 성별, 신분, 지위 등의 차별 없이 활동이 가능하다. 따라서 시공간의 제약이 있는 현실세계와 달리 시공간을 초월하여 활동이 가능하며, 직접 얼굴을 마주하는 대면 관계 또한 네트워크상에서 가능하다. 사회적 지위가 권위를 결정하는 현실세계와 달리 현실세계의 권위가 제한받지 않고 다양한 방식의 권위가 가능하다는 점도 특징으로 꼽을 수 있다.

이러한 온라인 공간, 즉 메트리스는 왜 여성의 자궁이라는 의미일까? 자궁을 영어사전에서 찾아보면 자유와 편안함의 의미도 지니고 있다. 여성의 자궁은 태아에게는 세상에서 가장 큰 공간이며, 자유롭고 편안한 공간이다. 그런 의미에서 매트릭스를 의미하는 사이버 공간은 사람들에게 현실세계보다 자유롭고 편안한 공간으로 받아들여지고 있는 것일 수도 있다. 바쁘게 살아가는 현대인들은 잠시의 시간이 주어지면 습관처럼 인터넷에 접속한다. 접속한 순간부터 사람들은 편안하고 자유로운 느낌을 갖고 그 시간을 즐긴다. 사이버 공간은 바로 그런 곳이다. 자궁 속에 머물렀던 태아의 기분으로 사이버 공간에서 자유와 평안함을 느끼는 것이다. 그런 세상은 현실세계에서 우리가 느끼지 못했던 느낌을 주는 것이며, 그것은 또 다른 질서로 볼 수 있다.

매트릭스, 영화에서 보여준 그 매트릭스는 새로운 질서지만 우리가 이미 익숙한 가상세계이며, 우리가 매일 접속해서 살아가는 온라인 세상의 질서를 의미한다. 그것이 갖는 장점과 단점이 무엇이든 우리가 살고 있는 또 다른 현실 세상인 셈이다.

철학

장 보드리야르의 시뮬라크르
모방된 이미지가 현실을 대체한다

✕
✕
✕

메타버스로 대표되는 다양한 게임 속의 가상세계가 지배하는 21세기 한국 사회. 우리는 그 속에서 한 세대 전에 상상하기 어려웠던 삶을 살고 있다. 하지만 놀랍게도 이와 같은 현상을 예언적으로 설명한 철학 용어가 있으니, 시뮬라크르와 시뮬라시옹이 바로 그것이다.

'시뮬라크르simulacre'는 라틴어로서 가상, 허구, 이미지 등을 뜻하며, 시늉, 흉내 등을 나타낸다고 볼 수 있다. 조금 철학적인 설명을 하자면, 흉내 낼 대상이 없는 이미지 혹은 원작이 없는 복제라고 개략적으로 정의된다. 〈아바타〉 영화나 〈스타크래프트〉와 같은 게임 속의 이미지라고 보면 쉽겠다.

시뮬라크르가 현대 철학이나 사회학에서 본격적으로 논의되기 시작한 것은 장 보드리야르의 저서 《시뮬라크르와 시뮬라시옹》에서부터다. 이 책에서는 모사된 이미지가 현실을 대체한다는 이론을 이야기하고 있다.

프랑스 랭스에서 태어난 보드리야르는 고등학교 독일어 선생으로 일하다가 이후 출판사 편집일과 번역일 등을 했다. 그러다 낭테르 대학에서 사회학을 가르쳤고 이 때부터 중요한 저작을 발표하는데, 프랑스 사회학자 앙리 르페브르, 구조주의 철학자 롤랑 바르트, 독일 철학자 칼 마르크스의 영향을 받았다. 주로 기호학과 마르크스의 정치경제학 등을 결합해 자본주의 비판적인 연구를 했으며, 《시뮬라크르와 시뮬라시옹》은 그의 주요 저작이다.

보드리야르에 따르면 그 출발은 사물의 모방에서 시작된다. 그는 자신의 저서에서, 발사된 미사일의 궤적을 보여주는 컴퓨터 화면을 예로 든다. 미사일 궤도는 실제 탄두의 궤도이지만, 나중에는 이것이 실제 탄을 나타내는지와 별개의 것이 된다. 컴퓨터 그래픽이 이와 같다. 처음에는 실제 사물을 컴퓨터그래픽으로 표현하는 것으로 시작하다가 나중에는 처음부터 없는 것을 그래픽으로 만들어내기도 한다. 그리고 그래픽으로 만들어진 판타지 세계가 실재하는 것인지 아닌지는 중요하지 않은 단계로 이전한다. 시뮬라크르와 같이 자주 등장하는 개념인 시뮬라시옹 simulation 은 시뮬라크르가 작용하는 것을 의미하는 동사다.

재미있는 것은 시뮬라크르의 개념이 보다 현실적인 대상에도 적용된다는 것이다. 화폐도 일종의 시뮬라크르로 이해될 수 있다. 화폐는 음식이나 자동차 등의 재화를 살 수 있는 능력 때문에 가치를 지닌다. 하지만 화폐로 재화를 살 수 있는 경험이 반복되면 나중에는 화폐 자체가 다른 것 이상으로 독립적인 가치를 갖게 된다. 삶을 위한 돈이, 돈을 위한 삶으로 바뀌는 것이다.

시뮬라크르 개념이 어떤 점에서 특별한 것일까? 이 철학적 맥락은 플라톤의 이데아론과 관련이 있다. 플라톤의 이데아론은 지금도 서양문명의 토대가 되는 아이디어라 할 수 있는데, 거기서 존재하는 것의 가치는 원본과 복제품으로 구분되며, 진짜 다이아몬드가 가짜보다 가치가 크듯이 원본이 복제품보다 더 가치가 크다. 그리고 복제품을 또 복제하는 '복제' 혹은 '모방'의 관계가 서열을 이루고 그에 따라서 가치도 서열을 이룬다.

그런데 시뮬라크르 개념은 그런 복제품이 그 자체로서 또 다른 원본과 같은 의미를 가질 수 있다는 것을 보여준다. 그럼으로써 철학의 본연의 기능인 '반성적 비판'을 하게 만든다. 허구로 만들어진 시뮬라크르는 또 다른 실재가 될 수 있는가, 아니면 그것은 감각적인 것에 매표되어 생기는 착각일 뿐인가? 컴퓨터그래픽과 메타버스가 각광받는 지금 이런 논쟁은 더욱 커지는 것 같다.

7부

자연

전체를 보면 길이 보인다

21장

진화

과학

우주의 기원과 진화
세상의 가장 처음

✕
✕
✕

세상이 어떻게 시작되었는지 상상할 수 있을까? 한낱 인간의 관념으로? 경험과 얼마 안 되는 학습을 통하여 형성된 관념으로 우주 탄생 순간을 묘사하기는커녕 상상이라도 할 수 있을까?

우주의 시작을 생각할 때 머리에서 일어나는 것들은 너무나도 인간적일 테지만, 우주에서 인간이 나타나기까지 138억 년이 지나야 하고, 애초에 인간이 우주의 시작에 발을 들여놓을 여지는 없었을 것이다. 세상이 드러나고 변화한 초기의 우주를 관념으로라도 상상할 수 없는 것이지만, 인간은 경험하지 못한 것들도 유추하여 상상의 끝 너머로 희미한 관념을 보낼 수 있는 존재다. 그리고 경험을 넘어선 극한적인 상태에 대해서는 받아들일만한 과학적 지식 혹은 미지의 장막을 헤쳐갈 논리적 추론의 칼을 사용할 수도 있을 것이다.

"우주가 시작되었다" "세상이 창조되었다" "138억 년 전에 세상이 드러났다"와 같이 단정할 수 있는가? 무슨 근거로 그러한가? 특정한 과거, 가령 약 138억 년 전에 우주가 탄생했다고 하면 도대체 그 이전에는 무엇이라는 것인가? 138억 년보다 이른 과거, 가령 139억 년이든 200억 년이든 그 대과거에 있는 세상은 무엇이라는 걸까? 그렇게 시간을 따라서 과거를 끝없이 가보면, 최초의 시간과 만날 수 있을 것인가 아니면 음의 무한대($-\infty$)로 무한히 갈 뿐이며 애초에 시작이라는 개념을 우주에 적용할 수 없는 것일까? 무한대는 실존하지 않는 수학적으로 관념적 대상일 뿐인데, 아무리 우주가 세상의 모든 것들과 모든 공간을 다 포함하고 있는 가장 커다란 전체집합이라고 하더라도 실체와 실체의 기원을 무한대라는 허구적 개념으로 대응시킬 수 있는 것일까? 우주가 특정 시점에 나타났다고 하는 것도 뭔가 이상하고, 그렇다고 그냥 지금과 비슷한 상태가 무한히 먼 과거부터 원래 그랬다고 하기에도 찜찜하다. 어떻게 해야 하는 것일까? 어느 경로를 타고 올라가야 우주의 창조 순간 혹은 무한히 아득한 시기의 우주를 제대로 볼 수 있는 위치까지 갈 수 있을까?

현대과학은 어디서 시작하여 어떤 경로를 따라서 세상의 시작을 자신 있게 말할 수 있는 것일까? 예전 사람들은 초월적 존재가 세상을 만들었고 다스린다고 생각했지만, 과학혁명을 완성한 뉴턴의 고전역학 체계에서 바라보는 우주적 관점은 달랐다. 받아들일만한 단순한 법칙 몇 개로 세상의 다양한 운동을 너무나 명확하게 설명할 수 있었던 고전역학은, 대다수 과학자의 열렬한 지지와 막강한 수학적 도구들을 갖추고 우주를 공략했다. 고전역학의 관점에서 우주는 무한하고 시간은 절대적으로 흐른다. 창조의 순간과 같은 것이 고전역학 안에서 생길 수 있는 여지가 없었고, 고전역학은 초기 조건에 의하여 이후의 모든 일들이 결정되는, 유일한 해를 갖는 시간을 공간으로 이차 미분한 방정식이기 때문이다. 결정론적 세계관과 무한한 시간과 공간, 시간과 공간을 이어줄 어떠한 다리도 존재하지 않는다.

이후 아인슈타인이 1905년에 특수 상대성 이론을 발표하며 시간과 공간을 하나의 대상으로 완벽하게 통합하며 시공간 spacetime이라 불렀고, 1915년에 일반 상대성 이론을 발표하면서 1687년의 《프린키피아》에 등장한 만유인력의 법칙을 중력에서 끌어내리고 굽어진 시공간으로 대체했다.

아인슈타인의 놀라운 이론은 곧 검증되었고, 뉴턴의 고전역학 및 만유인력은 아인슈타인의 상대성 이론의 한 극한(빛 속도에 견줄 정도로 빠르지 않은 물체의 운동, 일상의 물체와 달리 천체와 같이 질량이 아주 큰 물체 주변을 제외하고)으로 이해되었다. 상대성 이론은 고전역학의 확장판이며 더 일반적인 관점으로서, 세상에 대해 더 많은 것을 알려줄 수 있고 더 정확하게 말해줄 수 있다.

현대과학이 밝혀낸 우주의 시작과 진화에 대한 이야기의 출발점은 일반 상대성 이론을 우주에 적용하여 프리드만과 르메트르 등이 아인슈타인의 방정식을 풀어내면서부터다. 그리고 1920년대 중반에 관측 천문학이 발달하면서 우주가 팽창하고 있으며 우주의 범위가 우리 은하를 넘어선다는 위대한 천문학자 허블의 관측 결과로부터 시작됐다. 인간은 상상과 인간 너머의 초월적 존재가 아니라, 정확한 관측 자료와 검증된 세상을 이해하는 체계를 바탕으로 우주의 시작에 다가설 수 있었다. 그렇게 시작된 우주의 시작에 대한 인간의 여정은 지금 대다수 과학자가 인정할 만한 우주론으로 성장했다.

빅뱅 우주론에 따르면 약 138억 년 전에 시간과 공간, 아니 떨어질 수 없는 시공간이 시작되었다. 이때부터 세상에 시간이 나타났고 공간이 나타났지만 둘은 분리된 것이 아니다. 하나의 시공간으로 보아야 하지만 거시적이고 느린 인간의 감각과 관념의 편의상 시간과 공간을 분리된 것처럼 말하기도 한다. 결론적으로 우주가 시작되기 전에 시간은 없었으므로 천지창조 이전에 세상이 어떠했는지를 묻는 것은 성립하지 않는다. 또한 공간이 시작되었으므로 첫 우주는 아주 작게 시작했다. 그리고 헤아릴 수 없이 뜨거웠으며 우주는 팽창하고 식어가면서 현재의 광활한 우주와 다양한 천체들을 만들었고, 수많은 천체 중의 한 곳에서 시작된 생명체는 진화라는 긴 시간의 자연선택을 거쳐서 다양한 생명체들로 붐비는 지상의 세계가 되었다.

과학

공룡의 멸종이 말하는 것
자연에서의 우연과 필연

✕
✕
✕

지상의 세계는 여러 생명체와 사물이 어울려 있고, 외계에서 볼
때 지구는 푸른빛을 띠는 행성이다. 다양한 사람들, 갖가지 모양
의 녹색 이파리와 형형색색의 꽃, 광활한 대지와 다양한 동물을
품고 있는 산, 흐르는 시내와 이끼 낀 돌, 높다란 빌딩 등 우리가
살아가고 있는 자연은 다채롭다. 우리가 마주하고 있는 이 세상
은 필연적으로 이렇게 되었어야만 했던 것일까, 아니면 우연이
작용한 결과로 지금처럼 되었을까?

　현재를 살아가고 있는 우리가 이러한 질문에 대하여 얼마나
답할 수 있을까? 자연이 작동하는 원리를 꽤 많이 탐구하여 이해
한 현재의 과학 수준으로 볼 때, 거시적인 수준에서는 과거가 현
재를 결정한다는 결정론적 관점으로 보아도 무리가 없다.

그렇다면 현재의 이 세상이 되기까지 우연은 전혀 작동하지 않은 것이라고 할 수 있을까? 그렇지 않다고 본다. 일상에서도 우리는 우연 혹은 자기가 제어할 수 없는 상황을 경험하고 있으며, 자기 너머의 사건과 상황에 의하여 적지 않은 영향을 받으며 살아간다. 어느 대상을 넘어서 그 대상을 둘러싼 환경까지 포함하는 큰 틀에서 볼 때, 필연적인 혹은 결정론적인 사건이라고 하더라도 주목하는 어떤 대상의 관점에서 우연이라고 말할 수 있기 때문이다.

약 6,600만 년 전에 지름 200킬로미터의 거대한 소행성이 지구와 격렬하게 충돌하면서, 공룡이 사라지게 된 사건은 우연일까? 소행성 충돌로 거대 동물인 공룡이 사라진 뒤 쥐처럼 작았던 포유류는 맘껏 덩치를 키우면서 신생대의 최상위 포식자로 군림할 수 있었다. 이렇게 변화된 진화적 환경 덕분에 약 600만 년 전에는 호모 속 영장류가 침팬지와 다른 진화 경로를 밟았으며 30만 년 전에 현생인류인 호모 사피엔스가 나타날 수 있었다.

당시 소행성이 충돌한 여파로 지구 생명체의 환경은 급격히 달라졌다. 육상 생물 종의 75퍼센트가 멸종함으로써, 남은 생물 종은 이전과 완전히 다른 환경의 선택을 받아 진화의 경로를 겪게 된 것이다. 아마도 소행성 충돌이 없었다면 자연은 현재 생물 종들의 조상이 아닌 다른 특성을 지닌 생물 종들을 선택했을 것이며 현재의 인간이 아닌 다른 모습의 지적 생명체가 지구에 문명을 꽃피웠을 것이다.

소행성은 멕시코의 유카탄 반도 끝자락에 충돌하며 주변 지역을 변형시켰지만 재앙은 그 지역에 국한되지 않았다. 황 3,250억 톤과 엄청난 먼지들이 대기로 방출되며 에어로졸을 형성해서 햇빛을 막았다. 광합성을 잘 할 수 없던 식물들이 쇠락하고 엄청난 식물을 먹어야 했던 거대한 초식 공룡 그리고 차가워진 지구에서 살아야 했던 육식 공룡은 소형 동물에 비하여 더 크게 피해를 받고 멸종했다.

만약에 소행성이 1분만 지구에 늦게 떨어졌더라면 어땠을까? 적도 근처에서 지구는 자전하면서 1분에 약 28킬로미터 정도 회전한다. 1분만 늦게 떨어졌다고 하면, 거의 유카탄 반도 끝자락에 충돌했던 소행성은 육지 연안보다 깊은 바다에 떨어졌을 것이고 그렇게 많은 양의 황과 먼지들을 대기 중으로 방출하지 않았을 것이다. 지구 대기는 과거의 그 시기만큼이나 어두워지지 않았고 기온이 그렇게 내려가지도 않았을 것이기 때문에, 소행성 충돌로 인한 영향이 지구 전체적으로 확산되지 않았을 것이다. 지구 전체적으로 확산되었다고 하더라도 그 영향은 그렇게 크지 않았을 것이기 때문에, 지구의 다른 지역에서 공룡을 포함한 많은 생물종들이 대량 멸종하는 비극으로까지 가지 않았을 것으로 추정된다. 소행성이 1분만 늦게 지구와 충돌했다면 말이다.

지구의 입장에서 혹은 공룡이나 당시 생명체의 입장에서 소행성이 충돌한 것, 하필이면 그 지역에, 하필이면 그 시간에 충돌한 것은 우연이라고 할 수 있다. 그러나 지구 밖까지 아울러 더욱 큰 범위로 대상을 넓힌다면, 소행성과 지구의 충돌 그리고 그 시각에 그 지역에 사건이 발생한 것은 어쩔 수 없이 필연적으로 일어났어야 하는 사건이다.

비단 공룡을 멸종시키고 포유류를 약진하게 만든 소행성의 충돌만이 아니라, 모든 사건들은 작게 보았을 때 그 대상의 입장에서는 우연이겠지만, 더 넓은 범위로 확장하여 보면 필연이라고 말할 수 있을 것 같다. 우연과 필연, 관점의 차이가 아닐까 싶다.

과학

천동설과 지동설 사이

우주의 중심에 내가 없다

×
×
×

역사상 지구에 대한 가장 열띤 학설은 우주의 중심이 지구인가 아닌가 하는 문제였을 것이다. 사람들은 프톨레마이오스의 천동설 체계에서 코페르니쿠스가 제시한 지동설 체계로 천문학이 발전한 것으로 익히 알고 있지만, 그 사이에 양자를 결합한 티코 체계가 있다는 것을 아는 사람은 많지 않다.

티코 체계는 코페르니쿠스의 지동설과 그 전의 천동설을 결합한 것으로, 태양이 지구 둘레를 돌고 다른 행성들이 태양 둘레를 돈다는 독특한 천체모형이다. 지금 우리가 아는 천체모형인 지동설에서는 태양이 중심인 태양계에서 지구를 포함한 모든 행성들이 공전한다. 그런데 티코 체계에서는 다른 모든 행성이 태양을 중심으로 돈다는 점은 그대로 두고, 태양과 지구와의 관계만 지구를 중심으로 바꾼 것이다. 다소 작위적이어서 오늘날 교과서에서 거의 언급하지 않지만, 양자를 타협한 티코의 사고방식은 매우 창의적이라 할 수 있겠다.

티코 체계를 제안한 천문학자 티코 브라헤는 덴마크의 천문학자로 덴마크 귀족 가문의 장남으로 태어났다. 그는 큰아버지의 양자로 자랐는데, 큰아버지는 정부 공무원직을 티코에게 물려주려 했으나 1560년에 개기일식을 관측한 티코는 천문학에 매료되어 천문학자의 삶을 살았다.

그는 천문학이 매우 체계적이고 정확한 관측 자료를 필요로 한다는 것을 알고 별들의 위치를 관측하면서 자신만의 천문학을 발전시켰다. 정확한 관측을 위한 다양한 방법을 스스로 개발하기도 했고 그 자신이 '인간 천문대'로 불릴 정도로 엄청나게 시력이 뛰어난 걸로도 유명했다. 예를 들어 1572년에 카시오페이아 자리에서 신성을 발견하여 맨눈으로 관찰할 수 있는 14개월 동안 관측하여 그 자료를 기록했을 정도다. 이후 덴마크 왕 프리데릭 2세의 지원을 받아 벤 섬의 영주가 되어 천문대를 건설하고 방대하고 정밀한 관측기록을 남겼다.

티코 브라헤는 초신성도 발견했다. 당시까지는 교회가 천명한 대로 천구 중에서 가장 바깥에 있는 별들은 영원불멸하다는 이론이 지배적이었는데, 티코가 죽음에 이르는 별을 발견하여 틀렸음을 증명한 것이다. 그는 자신의 저서인 《신성에 관하여》라는 책에서 이를 밝혀 학계에 명성을 알렸다.

하지만 티코는 보통의 범생이 과학자들과는 천성이 다르게 타고났으며, 귀족 가문 출신이라 성격도 거만하고 다소 괴팍한 편이었다. 한 번은 파스베르크와 수학 공식의 타당성을 두고 서로 자신이 옳다고 다투다 결투를 벌여 코를 잘리고 말았다. 그래서 금과 은으로 만든 인조 코를 붙이고 다녔는데, 나중에 그의 시신을 분석하니 그의 코는 금이나 은이 아닌 놋쇠로 만든 코였음이 밝혀졌다.

또한 그는 하늘에서 일어나는 일과 인간의 몸 사이에 관계가 있다고 믿었고 다른 동료들과 함께 점성술을 믿었다. 지금에야 이것은 허황된 이야기로 생각되겠지만, 동양에서도 하늘의 별자리를 보고 국가나 왕의 길흉을 점치기도 했으며 현대에도 점성술을 신봉하는 사이비과학이 있으니, 나름 이해할 수 있는 소지도 있긴 하다.

그의 죽음도 평범하지는 않은데, 그가 한 귀족의 만찬에 초청받아가서는 만찬 중에 소변이 마려웠으나 체면을 구길까 봐 끝까지 화장실에 가지 않고 참았고, 그 결과 상황이 악화되어 급성 방광염에 걸려 11일 후에 죽고 말았다. 당시 그의 조수는 요하네스 케플러였는데, 케플러는 티코 브라헤가 죽자 살아생전에 보여주지 않았던 관측 자료를 얻게 되었고, 이를 연구에 활용하여 이후의 천문학과 물리학 등에 엄청난 발전을 이루어냈다.

태양이 지배하는 태양계

지구인에게 태양은 무엇인가

✕
✕
✕

신 중심의 세계였던 중세시대까지 우주의 중심은 지구였다. 17세기 독일의 천문학자, 요하네스 케플러에 의해 지구 대신 태양이 우주의 중심에 있었다. 케플러는 행성운동의 법칙과 아이작 뉴턴의 프린키피아로 태양을 중심으로 행성이 운동한다는 사실을 밝혀냈지만, 태양이 우주의 중심이라는 사실도 그리 오래가지 못했다. 과학의 발전으로 태양도 우주에 수많은 별 중에 하나라는 사실을 알게 되었으니 말이다.

하지만 지구에 사는 우리에게 태양의 위력은 여전히 강력하다. 다른 별들과의 거리가 멀다 보니 지구인에게 큰 영향을 주지 못하지만, 태양은 지구를 덥혀서 생명체가 살아갈 수 있도록 하는 원천이다. 태양이 지배하는 세상 즉, 태양계를 이해하는 것은 지상의 세계를 이해하고 지상에서 살아가는 인간의 삶을 이해하는 데 도움이 될 수 있다.

태양계는 항성인 태양과 그 중력에 이끌려 있는 주변 천체가 이루는 체계를 말한다. 태양을 중심으로 공전하는 행성은 소행성대를 기준으로 안쪽에 있는 수성, 금성, 지구, 화성 등 4개의 고체 행성과 바깥쪽에 있는 목성, 토성, 천왕성, 해왕성 등 네 개의 유체 행성 4개 등 총 8개가 있다. 바깥쪽에 있는 4개의 유체행성은 목성형 행성이다.

태양계에는 행성 외에 행성을 공전하는 위성과 행성으로 분류되지 못한 명왕성과 같은 여러 왜행성 그리고 수많은 소행성과 혜성, 태양계 외곽을 이루는 오르트 구름과 태양계에 퍼져 있는 행성 간 매질 등등 각종 물질이 있다.

그러나 태양을 제외한 모든 행성과 천체, 물질들을 모두 합하더라도 태양 하나의 질량에 비하여 1,000분의 1 정도밖에 되지 않을 정도로 태양은 태양계에서 절대적인 존재다. 태양 다음으로 큰 천체인 목성은 다른 행성들의 질량을 모두 더한 것보다도 2.5배 정도 무겁기에, 지구에서 훨씬 가까운 화성을 제치고 훨씬 밝게 빛난다. 밤하늘에서 달을 제외하고 가장 밝은 천체는 금성이고 다음으로 밝은 천체는 목성이며 맨눈으로도 쉽게 관측할 수 있다. 밤하늘에 빛나는 천체들이 많이 있기 때문에 어느 것이 행성이고 어느 것이 별인지 한순간에 육안으로 구별하기는 쉽지 않지만, 다른 천체보다 빛나는 천체가 있다면 목성 혹은 금성이 분명하다.

우주는 46억 년의 3배인 138억 년 전에 시작되었고, 태양계는 46억 년 전에 형성되었다. 태양계가 생기기 전에 무슨 일이 있었는지는 우주론을 살펴봐야 한다. 태양계를 형성하는 물질들이 수소나 헬륨과 같이 가벼운 원소들만이 아니라 철이나 산소, 금이나 우라늄과 같이 무거운 원소들이 지구에서 혹은 지구에 도착한 외계 손님인 운석에서도 발견되는 것으로 보인다.

따라서 태양계가 형성되기 이전에 오래전 과거에 태양계 근처에서 초신성이 폭발하며 무거운 원소들을 흩뿌렸다는 것을 짐작할 수 있다. 태양계는 아주 오래전에 폭발한 초신성의 잔해가 수억 년 이상 뭉치며 탄생하여 지구에 생명체가 존재할 수 있고, 태양은 여러 행성과 다양한 고체 상태의 천체들을 거느릴 수 있게 되었다. 과학적 증거들은 태양계의 여러 천체가 태양과 비슷한 시기에 형성된 것으로 말한다.

지구 역시 태양계의 다른 천체와 비슷하게 46.5억 년 정도로 추정되는데, 그동안 지구는 너무나 많은 변화를 겪어서 태양계 형성 초기에 대한 증거를 찾을 수 없다. 태양계를 떠돌던 천체의 일부는 지구의 중력에 이끌려서 대기권에 진입한 후에 맹렬한 속도로 대기와 충돌함에도 다 타버리지 않고 지상에 도달하면서 운석이 된다.

운석이 과학자들에게 가치 있는 이유는 지구 너머에서 오랫동안 태양계가 형성되었을 시기의 기록을 간직하고 있기 때문이다. 매년 지구에 도달하는 운석이 적지 않기 때문에, 지구 너머의 물체인 운석을 인터넷을 통해 몇만 원에 구매할 수도 있다. 그러나 과학적으로 가치 있는 운석은 비싸고 공개적으로 거래되지도 않는다.

태양계의 크기는 반경 1광년(약 6.3만AU) 정도이며, 반경이 5만 광년 크기인 우리은하는 태양계와 같은 별을 수천 억 개 거느리고 있다. 태양은 우리은하의 중심에서 2.6만 광년 떨어진 변방에서 2.3억 년을 주기로 공전하고 있다. 46억 살의 지구는 벌써 우리은하를 20회 정도 공전한 셈이다.

22장

>>> ———————— <<<

땅

사회

위치를 알려주는 랜드마크
명소의 정체성과 브랜드

X
X
X

랜드마크landmark는 탐험가나 여행자들이 특정 지역을 돌아다니던 중 원래 있던 장소로 돌아올 수 있도록 표식을 해둔 경계표라는 의미다. 오늘날 랜드마크는 그 의미가 확장되어 건물이나 타워, 문화재, 상징물, 조형물 등이 어떤 특정 지역을 상징적으로 대표할 때 사용한다. 특별하게 누군가 랜드마크라고 지정하지 않더라도 자연스럽게 그렇게 지정되는 경우가 많다. 지역의 상징성, 존재감을 내포하고 있는 랜드마크는 선사시대 때부터 존재했으며, 이후 지역성과 도시의 본질을 나타내는 것으로 자연스럽게 형성되었고 공급과 수요도 높지 않았다.

최근 들어 랜드마크의 중요성이 강조되면서, 여행객이 꼭 들러봐야 하는 장소, 경제적인 효과를 유발하는 상징적인 것으로 관심이 높아지고 있다. 1997년 쇠락해가던 스페인의 탄광도시 빌바오가 도시재생사업의 일환으로 구겐하임 미술관을 유치한 후 매년 100만 명이 넘는 글로벌 관광도시가 된 사례가 대표적이다. 랜드마크가 지역경제에 중요한 영향을 준다는 것을 보여주고 있다. 개별 랜드마크의 차원을 넘어 도시재생의 모범 사례로 손꼽히는 빌바오의 사례는 이후 '빌바오 효과'라는 용어로 정착되었다. 한 도시의 랜드마크 건축물이 도시에 미치는 영향이나 현상을 가리키는 개념이다.

랜드마크는 유명한 도시마다 하나쯤은 꼭 있다. 도시 이미지를 상징하는 명소로 랜드마크는 그 지역으로 수요를 견인해 해마다 수많은 관광객이 몰리면서 지역경제에 긍정적 영향을 미치게 되어, 결과적으로 도시에 활력을 불어넣는 역할을 한다. 그런 관점에서 랜드마크는 도시의 정체성을 확립하는 브랜드로서의 의미가 강하다. 파리의 에펠탑, 런던의 빅벤, 뉴욕의 엠파이어스테이트빌딩과 같이 도시의 역사를 고스란히 담고 있는 것이 있는가 하면, 싱가포르의 마리나베이 샌즈, 두바이의 칼리파, 우리나라의 롯데월드타워처럼 도시 발전을 상징하는 건축물이 랜드마크가 되기도 한다.

랜드마크는 대체로 높고 웅장한 건축물을 연상하기 쉽다. 하지만, 외형만 근사하다고 랜드마크가 되는 것은 아니다. 사람들이 많이 찾고 기억하는 건축물이야말로 랜드마크의 자격을 갖췄다고 할 수 있다. 최고, 최대의 수식어가 붙지 않아도 랜드마크가 된 경우를 볼 수 있다. 외벽의 미디어예술로 알려진 서울스퀘어,

잔디광장 쉼터가 있는 서울시청 등이 대표적이다.

지역의 특성과 조건에 따라 랜드마크도 달라질 수 있다. 신도시에서는 고층빌딩보다는 공원이나 쇼핑몰 등 사람들이 많이 찾는 장소가 랜드마크가 되는 반면, 원도심은 새로 짓는 건축물이 랜드마크가 되기도 한다. 건축기술의 발달로 새로 짓는 건물일수록 이전과는 다른 참신한 매력을 지닌 경우가 많아 지역민들의 명소기 되기 때문이다. 또한 거대하고 웅장한 건물이 랜드마크가 되는 것은 아니다. 호주 울룰루의 에어즈락, 일본의 후지산, 미국의 나이아가라폭포 등 자연환경 역시 랜드마크가 된다.

랜드마크를 정하는 기준, 4M을 보면 랜드마크를 이해하는 데 도움이 된다. 상징물의 거대한 규모에 압도되게Magnus 하는 경우, 기발함에 감탄Miracle을 자아내게 하는 경우, 특별한 즐거움Merriment을 줄 수 있는 경우, 마음에 감동을 주는 경우Meaning가 바로 그런 요소이다. 우리가 알고 있는 세계적인 랜드마크는 이러한 요소에 따라 분류할 수 있다.

네 가지 기준에 어디에 속하던 랜드마크는 공통적인 특징이 있다. 독창적인 스토리가 있고, 지역주민들의 만족도가 높으며, 지역의 정체성을 반영하고 있다는 점이다. 특정 물건만으로도 그 장소가 떠오르고, 기념사진을 찍기 위해 랜드마크를 방문하는 이유가 여기에 있다. 눈에 잘 띄는 건물이나 높은 건물에만 국한되기보다 사람들의 기억에 으뜸으로 남는 것이라는 점을 생각해야 한다. 의미 없이 하늘로 치솟는 초고층 혹은 최대규모의 넓이 등 최고 최대 경쟁에서 벗어나 지역의 특색을 살리면서 세계 어디에도 없는 고유한 상징성을 표현할 수 있는 랜드마크라면 더할 나위 없다. 지역별로 랜드마크를 만들어 관광객을 유치하자는 요구가 많다. 그럴수록 충분히 고민해야 한다. 우리는 어떤 랜드마크를 원하고 있나.

과학

대륙의 기원과 진화
지구라는 이름의 땅

╳
╳
╳

지구 표면의 약 29퍼센트(바다가 71퍼센트)를 차지하고 있는 땅은 인간이 살아가는 터전이다. 지구에 땅은 여섯 개의 대륙으로 나눠져 있다. 아시아, 아프리카, 북아메리카, 남아메리카, 유럽, 오세아니아 등이다. 대륙은 어떻게 생겨나 지금의 모습으로 변했을까.

방사성동위원소 연구 등의 결과로 도출된 증거에 따르면 지구는 약 45.5억 년 전에 형성되었다. 형성될 당시의 원시지구는 지금처럼 표면이 굳어 있지 않았고 수천 도에 이르는 뜨거운 물질들이 용암처럼 표면을 흐르거나 지구 내부로 들어갔다가 나오는 것을 반복했다. 하늘에서는 지구에 합류하지 못했던 주변의 천체들이 지구 중력에 이끌리며 쏟아져 들어와서 열과 에너지를 전달했다.

시간이 흐르면서 지구는 우주로부터의 공격이 잦아들고 식어가면서 무거운 물질들이 지구 중심을 향해 움직이고 규소와 같이 가벼운 물질들은 반응성이 큰 산소와 결합하여 지구 표면에 쌓여갔다.

이렇게 지구는 철과 니켈과 같은 무거운 원소들로 구성된 물질이 내핵과 외핵으로, 중간 정도의 밀도를 가진 물질들이 맨틀로, 그리고 규산염 계통의 가벼운 물질들이 지각으로 분화되며 초기의 대륙을 형성했다.

지구가 더 식어가면서 지구적인 분화가 정리되고 대륙은 자기 정체성을 갖고 굳어지며 지구의 껍질이 되었는데, 수억 년을 주기로 하여 지구 표면의 대륙들이 모이고 다시 합쳐지기를 되풀이해왔다. 언제부터 이 주기가 시작되었는지는 아직 명확하게 밝혀지지 않았는데, 때때로 대륙들이 한데 뭉쳐 형성된 큰 대륙을 초대륙이라고 한다.

지금까지 존재 시기가 결정된 초대륙에는 31억 년 전의 우르, 18억 년 전 컬럼비아, 10억 년~7억 년 전의 로디니아, 6억 년에서 5억 4,000만 년 전의 판노티아, 그리고 3억 년 전의 판게아 등이 있다.

우르는 약 31억 년 전 시생대 초기에 형성된 것으로 추정되는 최초의 대륙이며, 크기는 현재의 오스트레일리아보다 작은 것으로 추정된다. 수메르 문명 시기인 B.C. 3,000년경에 세워진 인류 최초의 도시 중 하나의 이름도 우르다. 한편, 마지막 초대륙인 판게아$_{Pangaea}$는 '모든'이라는 의미의 판$_{pan}$과 땅의 여신인 가이아 $_{Gaea}$의 이름으로 만든 합성어다. 1912년에 대륙이동설을 주장한 독일의 기상학자 알프레드 베게너가 제안했다.

대륙의 형성과 분열은 지구의 진화 그리고 생명의 진화에 직접적인 영향을 주면서 지구와 생명체를 변화시켰는데, 베게너의 학설은 대륙이 이동하는 원동력을 설명할 수 없어서 당시에 인정받지 못했으나, 후에 다른 학자들의 연구로 대륙 이동의 원인이 맨틀의 대류임이 밝혀졌다. 1960년대에 들어서 해양지질학이 빠른 속도로 발전하면서 오늘날의 판구조론으로 발전했다. 판구조론은 현대지질학에서 가장 중요한 이론으로 받아들여지고 있다.

판구조론은 암석권 혹은 판$_{plate}$이라는 약 100킬로미터 두께의 단단한 고체층인 암석권이 그 밑의 유동적 성질을 가진 연약권과 맞물려서 움직인다는 이론이다. 암석권인 판들이 상대적으로 이동하면서 지진 등 다양한 지질 현상들이 나타나며, 판은 서로 충돌하거나 멀어질 수 있고 미끄러질 수도 있다.

판구조론에서 판 혹은 암석권은 지각과 같은 의미가 아니기 때문에 판구조론을 설명할 때 '지각이 맨틀 위에서 움직인다'고 잘못 말할 수도 있다. 암석권은 위치에 따라 다르지만 두꺼운 곳은 거의 200킬로미터 가까이 되며, 해양지각보다 두꺼운 대륙지각도 70킬로미터를 넘지 않기 때문에 암석권은 지각보다 더 아래에 있으며 단단한 맨틀의 상층부를 포함하는 개념이다.

지각과 맨틀의 경계를 이루는 모호로비치치 불연속면은 지하 30~70킬로미터 부근에 있는데, 지각과 맨틀의 성분이 달라지기 때문에 지진파의 속도가 갑자기 빨라지는 것을 관찰하면서 발견됐다. 두 판이 스치는 보존 경계에서는 경계면을 따라서 단층이 일어나는데, 북미대륙 서해안을 따라 발달한 산안드레아스 단층대가 대표적이다. 두 판이 서로 멀어져가는 발산 경계 중 하나인 해령에서는 해양지각이 생성되고 확장된다. 해양지각이 생성되는 해령 근처의 뜨거운 어느 바닷속 열수분출공에서 생명이 시작된 것으로 추정된다. 생성된 해양지각은 시간이 지나며 해령에서 멀어지고 다른 판과 만나면서 판이 수렴하는 수렴 경계를 이룬다.

수렴 경계에서는 밀도가 더 큰 판이 다른 판 아래로 수렴하며 해구를 만드는데, 대양지각과 해양지각이 만나는 남아메리카대륙 서해안의 안데스산맥을 따라서 화산활동이 활발한 현상을 설명한다.

해양판과 해양판이 충돌하는 수렴 경계에서는 원호 형태의 호상열도도 나타나는데, 대표적인 예로는 일본 열도를 들 수 있다. 또한 대륙판과 대륙판이 충돌하여 생긴 극적인 사례는 인도판이 북진하여 유라시아판과 충돌하면서 생겨난, 지구에서 가장 높은 고원지대인 히말라야 산맥을 들 수 있다. 세계의 지붕이라 불리는 히말라야 산맥은 두 대륙판의 경계다. 과거에 바다였으나 판끼리 충돌하면서 높이 솟아나 산맥이 되었으며, 8000미터 고지대에서도 바다생물의 화석이 발견되곤 한다. 인도판은 아직도 북상 중이다. 즉, 히말라야 산맥의 산들은 1년에 몇 센티미터씩 높아지고 있다.

상식

땅을 보는 동서양의 차이
평평하고 네모난 땅

✕
✕
✕

하늘 천, 따 지, 검을 현, 누를 황….

한국에서 태어난 사람이라면 누구나 한번쯤은 읊조렸을 법한 천자문의 구절이다. 내용은 하늘은 검고 땅은 누르다는 의미다. 하늘과 땅에 대한 오래된 관념을 엿볼 수 있다. 하지만 태초에 동양에서는 땅의 색깔보다 모양에 관련된 관념이 더 지배적이었다. 땅의 모양새가 네모라는 것이다.

"모난 것은 땅에 속하며, 둥근 것은 하늘에 속하니, 하늘은 둥글고 땅은 모나다天圓地方(천원지방)." 땅이 네모인데 반해 하늘은 둥글다는 의미다. 고대 중국의 수학 및 천문학 문헌인 《주비산경》에 실려 있는 말이다.

한편 위서 논란이 있기는 하지만 《환단고기》의 '태백일사'에서도 비슷한 맥락을 찾을 수 있다. 삼한의 옛 풍속에 10월 상당이 되면 사람들이 모여서 둥근 단을 쌓아놓고 하늘에 제사를 지냈으며 땅에 지내는 제사는 네모진 언덕에서 지냈고, 조상에게 지내는 제사는 세모진 나무에 지냈다고 한다. 역시 하늘은 둥글고 땅은 네모나다는 기본 관념을 가지고 있다. 환단고기에서는 사람을 대표하는 조상이 세모의 형태로 더해져 있다는 점이 특별하다. 즉 한국의 전통적 사고방식은 항상 천지인 3요소가 결합되어 있었고 그것이 원방각으로 상징되었던 것이다.

다시 천원지방으로 돌아가자. 이 내용은 인간의 도리를 나타내는 은유라는 해석으로 바뀐다. 둥근 하늘과 네모난 땅의 모양이 서로 어긋나서 하늘이 땅을 다 덮을 수 없게 되기 때문이다. 중국의 사상은 항상 과학적인 진리보다는 인간의 도덕으로 결론 지으려는 경향이 있다. 하늘은 아비에 해당하고 땅은 어미에 해당한다는 생각도 같은 맥락이다. 이것은 남존여비 사상으로 이어지기도 한다.

한편 서양에서는 일찍이 땅의 모양에 대해서 수학적 혹은 과학적으로 생각했다. 2,600년 전 최초의 철학자 탈레스는 바다를 항해하면서 관찰한 바를 근거로 땅이 가운데가 부풀어 오른 공모양이라고 말해, 당시의 사람들을 놀라게 했다. 또 피타고라스는 지구가 둥글고 완전한 구형이라고 주장했다. 서양의 모든 학문을 만든 아리스토텔레스는 수평선 너머에서 배가 다가올 때 돛대의 끝이 먼저 보이기 시작하는 것을 근거로 지구가 둥글다고 주장하면서, 모든 것은 아래로 떨어지는 것이 아니라 한 지점으로 모이는 것이라고 설명했다.

에라토스테네스는 서양학자들의 수학적 기질을 일찍이 발휘하여 B.C. 240년에 지구의 둘레를 최초로 계산했다. 그는 지구가 둥글다는 전제하에 그림자의 각도로 지구의 크기를 측정했다. 즉 하지_{夏至}에 해가 정확히 수직으로 머리 꼭대기에 오는 곳을 기준으로 삼고 거기서 꽤 멀리 떨어진 곳에서 생긴 그림자 각도를 측정해 원의 길이를 계산했다. 오차가 5~15퍼센트 정도밖에 나지 않을 만큼 정확하다고 평가받는다.

중세 유럽에서는 종교적인 이유로 땅덩어리가 평평하다고 생각했다는 오해가 퍼져 있지만 실제로는 그렇지 않다. 종교 재판으로 지동설을 억압하고 천동설을 지지했다는 사실에서 알 수 있듯이 중세에는 지구가 우주의 중심이라고 생각했는데, 천동설을 생각하기 위해서는 우주의 중심에 있는 땅덩어리가 둥글다고 생각하는 것이 자연스러웠다.

23장

일상과학

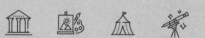

과학

원자론에서 유물론까지
물질에 대한 생각의 변화

×
×
×

물질은 모두가 알고 있듯이 원자들로 구성되어 있다. 세상에는 아주 희귀한 물질들도 있는데, 다이아몬드보다 100배나 더 희귀하고 눈이 부신 아름다운 보석인 타파이트도 있고, '블루 다이아몬드'라는 별명을 가지고 있는 극도로 희귀한 규산염 광물인 베니토아이트도 있다. 타파이트의 가격은 그램 당 2,300만 원이고 베니토아이트의 가격은 그램 당 2,900만 원이라고 한다.

이렇게 다양한 물질들이 세상에 존재하지만 모든 물질은 보다 단순한 원자들로 구성되어 있다. 물론 원자의 숫자들은 많다. 하지만 그 원자들은 더 단순하고 같은 알갱이인 원자핵과 전자, 그리고 중성자로 구성되어 있다. 여기에서 우리는 극적인 대비를 발견할 수 있다. 매우 많고 많은 다양한 물질들과 그것을 구성하는 극히 단순한 소립자들. 그리고 이것을 밝혀낸 과학은 20세기에야 발전한 '양자역학'이라 불리는 것이다. 다종다양한 물질이 사실은 아주 단순한 알갱이로 구성되어 있다는 생각 자체는 대략 2,400년 전에 나왔다. 에루키포스와 데모크리토스가 주장했던 '고대 원자론'이 그것이다. 특히 데모크리토스는 고대 원자론을 완성한 사람이라고 알려져 있다.

그들은 세상이 아주 작고 무한히 많은 알갱이로 구성된 것이라 생각했다. 이 알갱이는 더 이상 쪼개지지 않는 알갱이인데, 원자를 뜻하는 '아톰atom'이라는 말이 그것을 의미한다. 데모크리토스는 세상에는 단일한 작은 알갱이인 원자들과 텅 빈 공간만이 존재한다고 생각했다. 그리고 원자들이 모이기도 하고 흩어지기도 하면서 자연의 모든 변화가 일어난다고 생각했다.

지금 우리에게는 매우 친숙하지만 2,400년 전의 옛날에는 혁신적이어서 아무나 할 수 있는 생각이 아니었다. 당시에는 거의 대부분의 사람들이 신화적이거나 종교적인 관점으로 세상을 이해했기 때문이다. 그래서 인격적인 신이 세상을 만들고 세상을 움직이게 했다거나, 혹은 선과 악의 정령들이 싸우다가 어떤 산이나 강이 되었다는 방식으로 생각했었다. 이런 시대에 '그런 인간적인 의지나 욕망이 아니라 세상의 객관적인 물질이 별도의 이합집산 법칙에 따라서 움직인다'라는 생각은 매우 어려웠다.

데모크리토스의 원자론에서는 극히 현대적인 사고방식이 곳곳에 있는데, 그중의 하나가 원자들이 어떻게 움직이게 되었는가에 대한 설명이다. 고대에는 움직임의 원인을 찾는 경우가 많았는데, 데모크리토스는 '처음부터 원래 움직였다'라고 생각했다. 또 원자들의 탄생에 대해서도, 어떤 신이 만든 것이 아니라 '원자들은 무한히 오래전부터 그냥 존재했다'라고 생각했다.

데모크리토스의 원자론과 같은 사고방식을 '유물론'이라 부른다. 오직 물질만으로 모든 것을 설명하는 이론이라는 뜻이다. 한편 '모든 것은 마음이 지어내는 것일 뿐'이라는 사고방식은 '유심론'이라 불린다.

오늘날 유물론은 물리학과 같은 과학적인 사고방식에 많이 반영되어 있고, 유심론은 종교나 철학적인 입장에 많이 반영된다. 한편 각각의 물질에는 영혼이 있다고 생각하는 신화적인 사고방식은 '물활론'이라고 한다. 물질이 사랑과 증오에 의해 상호작용한다는 고대의 설명방식이 물활론이다.

과학

물체는 무엇으로 이루어졌나?

우주의 시작 직후 만들어진 것들

╳
╳
╳

인간의 눈으로 볼 수 있는 가장 커다란 물체는 아마도 밤하늘에 빛나는 별이 아닐까. 어떤 별은 태양보다 작지만 적지 않은 별빛은 태양보다 큰 별에서 나온다. 그러나 천체와 같이 커다란 물체나 일상에서 만나는 여러 물체는 거시적인 관점에서 별반 다르지 않다. 물체는 다양한 물질들로 이루어진 것이며, 물질은 인간의 감각으로 접근할 수 없을 정도로 작은 단위로 구성되어 있다. 2,000년 동안이나 서구권의 사람들은 아리스토텔레스의 견해를 따르며 물, 공기, 흙, 불의 네 가지 원소를 만물의 근원으로 생각했으나 화학이 출현하고 발달하면서 세상은 그렇게 단순하지 않다는 사실을 알게 되었다.

보일은 17세기 중반에 계량적인 실험을 반복하면서 공기가 아주 작은 입자들로 구성되어 있다는 것을 '보일의 법칙'을 근거로 주장할 수 있었고, 계속해서 물질은 단지 네 종류의 기본원소들의 혼합이 아니라 다양한 원소가 물질의 구성단위로 존재한다고 여겨졌다. '4원소설'로 부터 비롯된 연금술에서 이와 관련한 내용이 나오기 때문에 비교적 최근에 이루어진 물질의 근원을 찾아간 여정에 집중하려고 한다. 18세기 말 프랑스 화학자 앙투안 라부아지에에 의하여 화학이 혁명적으로 발달하고, 더 이상 분해될 수 없는 것으로 여겨지는 원소 30여 종이 발견되었다. 이후로 원소의 종류는 더 늘어나서 러시아 화학자 드미트리 멘델레예프가 주기율표를 발표한 1860년대에는 약 60종이 되었다. 만물의 근원을 향한 과학자들의 연구가 거듭될수록 원소의 종류는 이렇게 늘어갔다. 자연의 근원물질이 이렇게나 많이 발견되는 것에 당혹한 것도 모자라서 1897년에는 영국의 물리학자 조지프 J. 톰슨은 원자보다 작은 입자(원자보다 작은 입자를 아원자 입자라고 부른다)를 발견했다. 이로써 만물의 근원을 묻는 질문에 답하기는 더 어려워졌다.

원자를 채우고 있는 양전하 물질에 음전하인 작은 전자가 박혀있다는 톰슨의 원자모형을 실험으로 확인하려던 영국의 핵물리학자 어니스트 러더포드는 1909년, 뜻밖의 발견을 하게 된다. 원자는 대부분의 공간이 텅 비어 있으며 중심에 무거운 양전하를 띤 원자핵이 있다는 사실이다.

원소들은 단지 원자핵에 있는 양성자의 개수가 다를 뿐이며 원자핵이 양성자와 중성자의 두 입자로 구성되어 있다는 사실은 물질의 근원이 단순하다고 기대했던 사람들을 충족시켰다. 원자핵을 구성하는 두 종류의 입자인 양성자$_{proton}$와 중성자$_{neutron}$를 핵자$_{nucleon}$라고 부르며, 이로써 원자의 종류에 상관없이 모든 원자는 전자를 포함하여 단지 세 종류의 입자로 구성된 것이다.

만약 이 세 종류의 입자(양성자, 중성자, 전자)가 만물의 기본 입자라면 드디어 종착점에 도달했을 것이지만, 자연의 더 깊은 곳을 탐구해갈수록 원자보다 작은 입자들이 쏟아져 나오기 시작했다. 만물의 근원에 대한 질문에 답하기는 다시 어려워졌다. 우주에서 지구로 들어오는 우주선$_{cosmic\ ray}$에서 전자의 반입자인 양전자가 발견되고 다른 아원자 입자들(뮤온, 케이온)이 발견되었고, 과학기술이 발달하면서 입자가속기의 성능이 높아지면서 수십 종의 아원자 입자들이 계속 발견되었다. 원자보다 작은 입자들이 이렇게 많아지면서, '입자 동물원'이라 부를 정도가 되었다.

1960년대 중반에는 수십 종의 원자들이 단지 세 종류의 입자(핵자 2종과 전자)로 구성된 것처럼, 세 종류의 쿼크(위 쿼크, 아래 쿼크, 이상한 쿼크)로 입자 동물원에 입주한 수십 종의 입자들을 세 종류로 구성할 수 있다. 이론을 제안한 사람은 미국의 물리학자 머리 겔만이다. 이어진 실험에서 쿼크 이론이 검증받으면서, 자연의 궁극적인 물질은 다시 단순해질 수 있게 되었다. 이후에 쿼크가 6종으로 늘어났지만, 쿼크는 물질의 궁극적인 원소인 기본입자 중의 하나로 여겨지고 있다.

현재의 과학에서는 쿼크 외에도 전자와 빛, 중성미자, 힉스 입자 등 17종의 이미 발견된 기본입자와 아직 발견되지 않은 중력자가 가장 궁극적인 실체로 여겨지고 있다. 현대과학은 꽤 설득력 있는 이론과 관찰을 바탕으로 기본입자들을 어느 정도 자신 있게 제시하고 있다.

현재와 같은 기본입자들은 과거 우주가 탄생한 시점부터 존재한 것은 아니며, 우주가 시작되고 얼마 안 되어 일어난 급팽창이 끝날 때쯤에 나타난 것으로 추정된다. 빛과 전자, 쿼크 등 기본입자는 우주가 탄생하고 약 1초 정도 되었을 때 첫 복합물질인 양성자와 중성자 등을 만들고, 몇 분 후에 헬륨 원자핵을 만들었으며 몇 억 년이 지나서 최초의 별이 반짝이며 나타나면서 여러 원소가 만들어지고, 비로소 지금과 같이 다양한 물체와 물질들이 세상을 채우게 되었다. 우리를 구성하는 물질 대부분은 별로부터 온 것이 대부분이므로, 우리를 별들의 후예라고 부른들 그렇게 이상할 일은 아니다.

과학

이상기체와 과학의 발달
완벽이 아닌 근사치의 이상

✕
✕
✕

'공기저항을 무시하면, 진공이라면, 물체가 완벽하게 균일한 공 모양이라면' 등등. 과학에서는 현실적인 어떠한 부분을 무시할 수 있고, 가상적인 환경에서 실험을 수행하거나 계산하기도 한다. 이때 부수적인 조건들을 고려하지 않고 이상적인 모형이나 환경에서 계산이나 실험을 수행하고 탐구하는 것은 현실에서 어쩔 수 없이 일어나는 일이다. 모든 조건을 다 고려하면 실험이든 이론이든 더 진도를 나가기 힘들기 때문이다.

이렇게 이상적인 환경에서 단순화한 모형으로 실험을 수행한 후, 현실과 더 맞추기 위하여 보조적인 것들을 포함하여 탐구한다. 이상적이라는 표현은 여러 곳에서 쓰일 수 있지만, 용어로 가장 많이 쓰이는 것은 아마도 이상기체理想氣體 ideal gas라는 용어가 아닐까 싶다. 이상기체는 에너지가 보존되는 탄성 충돌 이외의 다른 상호작용을 하지 않는 점 입자로, 계가 구성된 것으로 보는 기체 모형이다.

거시적인 물체는 분자와 같이 아주 작은(거의 점 입자처럼 근사적으로 취급해도 크게 무리가 없는) 입자들이 수없이 많이 모여 있는 것이다. 고체와 액체는 분자와 같은 미시적 입자들 사이의 거리가 가깝기 때문에, 이들의 특성을 이해하기 위해서는 분자 사이의 상호작용을 고려하지 않을 수 없게 된다. 그러나 기체는 고체나 액체와 같은 응집 물질condensed matter이 아니다. 입자들 사이의 거리가 멀고 밀도도 상대적으로 아주 작다.

입자들 사이에 작용하는 힘은 통상적으로 입자들 사이의 거리가 가까울수록 크다. 그러니 기체의 특성과 행동을 이해하기 위한 모형을 구성하는 데 있어서 입자들 사이에 작용하는 힘을 무시하는 것도 나쁘지 않아 보인다. 그렇다고 해서 기체를 구성하는 입자들이 서로 아무런 일도 없다면 그것은 기체라는 거시적 물질 상태에 아무런 기여도 하지 않는 낱낱의 입자들 모임으로 끝난다. 따라서 기체와 관련된 단순한 모형을 만든다고 하더라도, 기체를 구성하는 미시적 입자끼리의 충돌은 최소한 고려해야 한다.

가장 단순하게 고려할 수 있는 충돌은, 충돌로 인하여 에너지가 손실되지 않는 완전 탄성 충돌이다. 이상기체의 모형은 입자들 사이의 완전 탄성 충돌 외에 모든 상호작용을 무시하고, 기체와 관련된 현상과 속성을 보고자 하는 것이다.

이렇게 단순한 모형으로, 기체에 대하여 얼마나 많은 것을 알수 있을까? 더 현실적인 모형이 필요한 것은 아닐까? 하는 생각이 들 수 있다. 여러 염려를 하는 것은 과학적인 태도이며 중요하지만, 먼저 단순한 모형으로 나오는 정량적인 결과와 실험을 통해 얻은 자료를 비교하면서 모형을 보완하는 것이 좋을 것이다.

이상기체를 아주 작은 입자들로 구성된 계라고 생각하는 과학적인 관점은 근대 화학의 문을 연 17세기 중반의 로버트 보일로부터 시작된 것이다. 실험에 바탕을 둔 지식을 중요하게 생각한보일은 근대화학의 개척자로 여겨지며, 경험론 철학자로 유명한존 로크의 사상에도 적지 않게 영향을 주었다.

보일이라는 이름을 '보일의 법칙'(일정한 온도의 닫힌계에서 기체의 부피(V volume)와 압력(P pressure)은 서로 반비례한다)을 통해서 들어봤을 것이다. 식으로 나타내면 $P \propto \frac{1}{V}$ 혹은 상수 k를 이용하여 $PV=k$로 나타낼 수도 있다. 어떻게 생각하면 보일의 법칙이별것 아닌 것 같이 느껴지기도 하는데, 공기가 들어 있는 풍선이나 피스톤을 누르면 부피가 줄어드는 것 같기 때문이다. 그런데중요한 것은, 단지 압력을 가하면 기체의 부피가 줄어든다는 것이 아니고, 정확하게 압력과 부피가 반비례한다는 것을 실험으로명확하게 보였다는 것이다.

정성적인 추측을 넘어서 정량적으로 계산할 수 있는 수식으로표현했으며, 엄밀하고 객관적인 실험을 통하여 검증했다는 것이중요하다. 이렇게 과학적인 방법이 자연의 비밀과 진실에 다가서는 것이며, 보일의 법칙 이후에 기체의 부피와 압력, 온도에 대한

'샤를의 법칙', '보일-샤를의 법칙'과 같은 이상기체의 상태에 대해서 수식으로 표현된 법칙들이 나왔다.

이후에 이상기체에 대한 상태를 나타내는 식은 통계적인 관점에서 보다 잘 이해되었고, 이상기체의 상태 방정식이 나왔다. 또한 현실의 기체를 보다 잘 기술하기 위하여 '이상기체 상태 방정식'에 입자의 크기와 입자들 사이의 상호작용을 일차적으로 고려한 기체 상태 방정식을 도입하면서, 보다 더 현실의 기체를 기술할 수 있게 된다.

이렇게 단순한 모형으로부터 더 현실적인 모형으로 발달하는 과학 이론의 과정은 매우 흥미롭다. 이상적이라는 것이 과학에서는 대개 완벽하다는 의미보다는 '근사적 조건'이라는 의미로 자주 사용된다.

과학

음악에서 과학을 보다
음파의 결합이 주는 울림

╳
╳
╳

음악은 다양한 자연과 자연이 빚어내는 분위기, 사람과 사물의 표정이나 모습과 같이 실제로 존재하여 감각할 수 있는 것뿐만 아니라 슬픔이나 사랑 혹은 정열이나 믿음과 같이 보이지 않지만 느낄 수 있는 모든 것을 소리로 표현한다.

여기서 소리는 인간이 청각기관으로 들을 수 있는 음파의 일정 영역을 말하며, 물리적으로 음악은 가청 주파수대의 여러 소리가 결합한 것을 의미한다. 어떠한 음파들이 결합하여 인간에게 울림을 주게 되는지, 음악은 자연의 소리와 인간의 뇌에서 해석하는 관념 그리고 개인이 어떤 소리에 대해서 경험한 과거를 모두 아우르며 사람들에게 울려 퍼진다.

음악이라는 예술적 분야를 과학과 결합하여 이야기하는 것은 어색하고도 불편할 수 있으니, 객관적 지식을 추구하는 과학이 주관적 감성을 자극하는 음악을 너무 침해하지 않는 선에서 살펴보기로 하자.

소리는 공기의 진동이 우리 감각기관을 흔들면서 청각기관에 의하여 증폭되어 뇌로 전달된다. 청각기관이 감지할 수 있을 정도로 흔들리는 음파의 진동수를 가청 주파수(들을 수 있는 소리의 진동수 범위)라고 하며, 인간의 경우 넓게 잡으면 1초에 20회에서 2만회 정도 진동하는 소리가 가청 주파수에 해당한다. 동물마다 가청 주파수의 범위는 다르며, 일부 돌고래와 박쥐 종류는 10만 Hz(헤르츠라고 읽으며 진동수를 나타내는 단위이다. 1초에 진동하는 횟수를 말한다) 이상의 초음파를 감지할 수 있고 일부 고래는 물속에서 7Hz 이하의 초저주파를 감지할 수 있다.

일반적으로 사람이 소리를 들을 때, 진동수가 클수록(진동수가 큰 소리를 고음으로 부른다) 날카로운 느낌으로, 진동수가 작을수록(진동수가 작은 소리를 저음으로 부른다) 무겁고 둔탁한 느낌을 받는다. 음악은 소리로 구성되고 소리의 진동수에 따라서 듣는 느낌이 달라진다. 따라서 소리의 진동수라는 물리적인 양과 소리의 느낌을 어느 정도 일대일로 대응시킬 수 있게 된다. 다양한 소리로 구성되는 음악을 물리적으로 혹은 이론적으로 파고들 길이 열리는 것이다.

악기는 소리를 내는 도구다. 북과 같이 때려서 소리를 내는 타악기는 높낮이가 일정한 음音 sound을 내기 때문에 연주를 통하여 만들어 낼 수 있는 선율이 단순하지만, 일반적으로 악기는 높낮이가 다른(진동수가 다른) 음을 낸다. 피리나 비올라와 같은 관악기는 어느 구멍을 막느냐에 따라서 다른 음이 나오고, 기타나 바이올린과 같은 현악기는 줄_{string}에서 어디를 누르느냐에 따라서 음의 높낮이가 다르다.

현악기는 보통 공기의 떨림인 소리를 공명시키는 공명통을 갖고 있다. 현은 양쪽이 고정되어 있고, 대개의 현악기는 여러 개의 현을 갖고 있다. 현의 진동수는 현의 장력(현이 팽팽한 정도를 나타내며, 현에 걸리는 힘이다)과 현의 굵기 그리고 현의 길이로 결정된다. 장력이 클수록, 현의 밀도가 작을수록 그리고 현이 진동하는 길이가 짧을수록 나오는 소리의 진동수는 높아진다. 여러 개의 현은 각기 다른 굵기와 길이로 구성되어 있으며, 현을 당기는 힘을 조절하거나 현의 길이를 조절함으로써 현악기는 다양한 진동수의 소리를 낼 수 있다. 양쪽 끝이 고정된 하나의 현을 튕기면 줄이 진동하며 공기를 자극하여 소리를 낸다. 양쪽 끝이 고정된 현의 진동은 보통의 파동이 특정한 방향으로 진동하는 것과 달리 제자리에서 줄이 진동하는데, 이렇게 제자리에서 진동하는 파동을 정상파_{定常波 standing wave}라고 한다.

정상파에는 진동이 최대가 되는 '배'와 진동하지 않고 있는 '마디'가 생기고, 정상파의 파장은 한 마디에서 다음 마디까지 혹은 한 배에서 다음 배까지 거리의 두 배다. 현을 잡아당기는 장력을 조절하여 기본음을 맞춘 후에, 손가락으로 현을 짚는 위치를 달리하면 정상파의 파장이 달라진다. 일반적으로 파동의 진동수는 파장에 반비례하기 때문에, 현의 길이를 짧게 짚을수록 파장이 작아져서 진동수가 더 높은 고음을 낼 수 있다. 현을 손으로 짚지 않고 튕겼을 때 가장 낮은 진동수 혹은 가장 긴 파장을 지닌 음을 기본음이라 하고, 양쪽이 고정된 현에서는 기본음 외에도 2배, 3배, 4배의 진동수를 갖는 배음이 나온다.

현악기의 종류에 따라 공명통에서 증폭되는 배음의 종류 및 세기는 달라지며 기본음과 배음의 비율이 달라진다. 이렇게 기본음과 여러 배음의 다른 비율에 따라서 결과적으로 악기마다 흔히 음색이라 불리는 소리에 대한 느낌을 다양하게 만들어 낸다. 마치 몇 가지 원자로 다양한 분자를 만들어서 세상에 다양한 물질이 존재하는 것처럼, 몇 개의 소리로 다양한 음색의 소리를 만들 수 있게 된다. 음악은 인위적으로 여러 주파수의 소리를 결합하여 선율을 만들어 감정을 불러일으키고, 선율들이 창작자의 의도에 따라 결합하며 어떤 주제 혹은 메시지를 담은 곡이 만들어진다.